KÖNIGS ERLÄUTERUNGEN
Band 264

Textanalyse und Interpretation zu

Thomas Mann

BUDDENBROOKS

Thomas Brand

Alle erforderlichen Infos für Abitur, Matura, Klausur und Referat
plus Musteraufgaben mit Lösungsansätzen

Bange Verlag

Zitierte Ausgabe:
Mann, Thomas: *Buddenbrooks. Verfall einer Familie.* Roman. Frankfurt a. M.: Fischer (Fischer Taschenbuch 9431), 1989, 59. Auflage 2010.

Über den Autor dieser Erläuterung:
Thomas Brand, geboren 1959, verheiratet, zwei Kinder, Studium der Germanistik und ev. Theologie in Göttingen und Berlin, nach Durchführung eines theologischen Forschungsprojektes seit 1992 Lehrer für Deutsch und ev. Religion an Gymnasien, zunächst in Dresden und in Fürstenwalde (Spree), seit 2005 Schulleiter in Berlin. Autor von Lernhilfen verschiedener Verlage und von Königs Erläuterungen und Lernhilfen des Bange Verlages.

FÜR JAKOB UND FABIAN

1. Auflage 2011
ISBN: 978-3-8044-1949-0

Titelbild: Fassade vom Buddenbrookhaus in Lübeck
© ullstein bild – Imagebroker.net
Druck und Weiterverarbeitung: Tiskárna Akcent, Vimperk

1. DAS WICHTIGSTE AUF EINEN BLICK – SCHNELLÜBERSICHT

Damit sich jeder Leser in unserem Band rasch zurechtfindet und das für ihn Interessante gleich entdeckt, hier eine Übersicht.

Im 2. Kapitel beschreiben wir **Thomas Manns** Leben und stellen den **zeitgeschichtlichen Hintergrund** dar:

⇨ S. 9 ff.
→ Thomas Mann lebte von **1875 bis 1955** in Deutschland, in der Emigration in Frankreich und den USA, schließlich in der Schweiz.

⇨ S. 13 ff.
→ Seine **großbürgerliche Herkunft** und sein **künstlerisches Selbstbewusstsein**, aber auch sein **Freiheitssinn** prägten sein Schaffen.

⇨ S. 17 f.
→ *Buddenbrooks* (1901) ist Thomas Manns **erster und vermutlich bekanntester Roman**, für den er **1929** den **Nobelpreis für Literatur** erhielt. Es folgten noch zahlreiche andere Werke.

Im 3. Kapitel bieten wir eine **Textanalyse und -interpretation**:

Buddenbrooks – Entstehung und Quellen:

⇨ S. 19 ff.
Ursprünglich war nur eine **Künstler-Novelle um Hanno Buddenbrook**, den jüngsten Spross der Familie, geplant, doch entwickelte Thomas Mann mit seinem Bruder Heinrich **ab 1897 den Plan eines umgreifenden Familienporträts**, das er dann bis Sommer **1900** allein **vollendete**. Zu diesem Zeitpunkt war er gerade einmal 25 Jahre alt. Der Roman erschien 1901 in zwei Bänden.

Inhalt:

Der Roman umfasst **11 Teile** und stellt **chronologisch** den **Aufstieg und Niedergang der Lübecker Kaufmannsfamilie Buddenbrook** dar. Im **Mittelpunkt** steht die Geschichte der **Geschwister Antonie (Tony), Thomas, Christian und** (am Rande) **Clara Buddenbrook**. Das Geschäft, ein Handelshaus, erreicht, als es von Thomas übernommen wird, einen Höhepunkt, um dann **unaufhaltbar dem Niedergang entgegenzugehen**. Thomas' Sohn **Hanno**, der letzte männliche Spross der Familie, ist **dem Künstlertum zu- und dem Geschäftsleben abgeneigt** und stirbt früh. Dem **Niedergang des Geschäfts** entspricht der **Niedergang der Familie**.

⇨ S. 23 ff.

Chronologie und Schauplätze:

Der Roman spielt von **1835 bis 1877** in **Lübeck** und umfasst damit ungefähr die Spanne **einer Generation**.

⇨ S. 41 ff.

Personen:

Die Hauptpersonen sind:

Thomas Buddenbrook:

⇨ S. 51 ff.

→ ehrgeizig,
→ standes- und pflichtbewusst,
→ am Ende resignativ und ausgepowert,

Tony Buddenbrook:

⇨ S. 55 ff.

→ naiv, kindlich,
→ widerstandsfähig,
→ auf Familienehre bedacht,

➪ S. 59 ff.

Christian Buddenbrook:
→ exaltiert, überspannt,
→ kein geschäftlicher Ehrgeiz,
→ Lebemann, zum Künstlertum hingezogen,
→ hypochondrisch,
→ nicht belastbar,

➪ S. 61 ff.

Hanno Buddenbrook:
→ kränklich,
→ fantasiebegabt,
→ empfindsam, introvertiert, grüblerisch,
→ künstlerisch veranlagt.

Stil und Sprache:

➪ S. 80 ff.

Thomas Mann schreibt **realistisch**, wobei seine Sprache aber auch eine **Nähe zum Naturalismus** aufweist. Sie ist
→ nüchtern und genau,
→ detailreich durch komplexe, lange Sätze,
→ im Stil oft ironisch,
→ abwechslungsreich durch die Verwendung von Sprachvarianten.

Vier Interpretationsansätze bieten sich an:

➪ S. 88 ff.

Buddenbrooks ist
→ ein **Familienroman**,
→ ein **Dekadenzroman**,
→ ein **Gesellschaftsroman**,
→ ein **Künstler-Roman.**

2. THOMAS MANN: LEBEN UND WERK

2.1 Biografie

Thomas Mann (1876–1955), Porträt von 1900 © ullstein bild

JAHR	ORT	EREIGNIS	ALTER
1875	Lübeck	Geburt am 6. Juni als zweiter Sohn einer patrizischen Kaufmannsfamilie. Eltern sind der Speditionskaufmann und spätere Senator Heinrich Mann und seine Frau Julia (geb. da Silva-Bruhns). Geschwister: Heinrich (1871–1950), Julia (1877–1927, Freitod), Carla (1881–1910, Freitod) und Karl Victor (1890–1949)	
1891	Lübeck	Tod des Vaters; Liquidation der Firma aufgrund testamentarischer Verfügung	16
1893	Lübeck	Übersiedlung der Mutter mit den drei jüngsten Geschwistern nach München; Thomas Mann besucht weiterhin das Gymnasium in Lübeck; Mitarbeit an der von ihm mit herausgegebenen Zeitschrift *Der Frühlingssturm. Monatszeitschrift für Kunst, Literatur und Philosophie*; Prosaskizzen, Aufsätze	18
1894	Lübeck München	Antipathie gegenüber der Schule; Verlassen des Gymnasiums in der Obersekunda; Übersiedlung nach München zur Mutter und den Geschwistern; Volontärstätigkeit bei einer Versicherungsgesellschaft; erste Novelle, *Gefallen*, erscheint in der Zeitschrift *Die Gesellschaft*.	19
1895	München	Aufgabe des bürgerl. Berufs, Entschluss zu einer Existenz als freier Schriftsteller; Gasthörer an der Technischen Hochschule, Plan für eine journalistische Laufbahn	20

JAHR	ORT	EREIGNIS	ALTER
1895–1896	München	Beiträge für die konservative Zeitschrift *Das Zwanzigste Jahrhundert. Blätter für deutsche Art und Wohlfahrt* (Hrsg. Heinrich Mann)	20–21
1896–1898	Rom/ Palestrina	Gemeinsamer Italien-Aufenthalt mit seinem Bruder Heinrich; **Beginn der Arbeiten an *Buddenbrooks***	21–23
1898	München	Veröffentlichung der Novellensammlung *Der kleine Herr Friedemann* bei S. Fischer	23
1898–1900	München	Lektor und Korrektor beim *Simplicissimus* (satir. Zeitschrift). 1900 wurde er als „Einjährig-Freiwilliger" zum Dienst im Münchner Leibregiment eingezogen. Seine militärische Laufbahn endete nach drei Monaten wegen Dienstuntauglichkeit.	23–25
1901	München	Erscheinen von ***Buddenbrooks***	26
1903	München	*Tristan* (Novellensammlung); wichtiges Thema ist der Gegensatz von Alltagsleben und Kunst.	28
1905	München	Heirat mit der aus einer Gelehrten- und Industriellenfamilie stammenden Katja Pringsheim (1883–1980); Kinder: Erika (1905–1969), Klaus (1906–1949, Freitod), Golo (1909–1994), Monika (1910–1992), Elisabeth (1918–2002), Michael (1919–1977, Freitod)	30
1913	München	Beginn der Arbeiten an *Der Zauberberg*	38
1918	München	*Betrachtungen eines Unpolitischen*: Verteidigung des Kaisertums und Kriegsbegeisterung führen zum Bruch mit dem Bruder.	43

JAHR	ORT	EREIGNIS	ALTER
1922	München	Von deutscher Republik (Rede): Befürwortung der Republik; Aussöhnung mit dem Bruder	47
1923	Weßling (Oberbayern)	Tod der Mutter	48
1924	München	*Der Zauberberg* (Zeit- und Bildungsroman)	49
1926	Berlin	Ernennung zum Mitglied der neu gegründeten Sektion Dichtkunst der Preußischen Akademie der Künste; Ernennung zum Professor ehrenhalber durch den Senat der Hansestadt Lübeck; Beginn der Arbeit an den Joseph-Romanen	51
1929	Stockholm	Nobelpreis für Literatur (für *Buddenbrooks*)	54
1930	Berlin	*Deutsche Ansprache. Ein Appell an die Vernunft* (Mahnrede angesichts des Stimmenzuwachses der NSDAP); *Mario und der Zauberer* (Erzählung)	55
1933		Europareise; nach der nationalsozialistischen Machtergreifung keine Rückkehr nach Deutschland;	58
	Sanary-sur-Mer, Küsnacht	Emigration nach Sanary-sur-Mer (Südfrankreich), dann nach Küsnacht (Schweiz); erster Band der *Joseph*-Tetralogie (*Die Geschichten Jaakobs*)	
1934		Erste USA-Reise; zweiter Band der *Joseph*-Tetralogie (*Der junge Joseph*)	59
1936	Küsnacht/ Zürich	Öffentliche Absage an NS-Deutschland; Aberkennung der deutschen Staatsbürgerschaft; tschechische Staatsbürgerschaft; dritter Band der *Joseph*-Tetralogie (*Joseph in Ägypten*)	61

JAHR	ORT	EREIGNIS	ALTER
1938	Princeton (USA)	Übersiedlung in die USA; Gastprofessur an der Universität	63
1939	Pacific Palisades (USA)	Übersiedlung nach Kalifornien; *Lotte in Weimar* (Roman)	64
1940–1945	USA	Monatliche Radioreden *Deutsche Hörer!*, die über die BBC nach Deutschland ausgestrahlt werden	65–70
1943	Pacific Palisades	Vierter Band der *Joseph*-Tetralogie (*Joseph, der Ernährer*)	
1945	Pacific Palisades	*Warum ich nicht nach Deutschland zurückkehre* (Offener Brief), Vertreten der Kollektivschuld-These	70
1947	Pacific Palisades	*Doktor Faustus* (Roman)	72
1949		Erster Deutschlandbesuch nach dem Krieg; Freitod des Sohnes Klaus	74
1951	Pacific Palisades	*Der Erwählte* (Roman)	76
1952	Zürich	Übersiedlung in die Schweiz nach Kommunismus-Anklage vor dem „Ausschuss für unamerikanische Umtriebe"	77
1954	Zürich	*Bekenntnisse des Hochstaplers Felix Krull. Der Memoiren erster Teil* (Roman); Ehrenbürgerschaft von Lübeck	79
1955	Zürich	Tod am 12. August	80

2.2 Zeitgeschichtlicher Hintergrund

ZUSAMMEN-FASSUNG

Wichtige Einflüsse auf Thomas Mann:

→ **Herkunft aus dem Großbürgertum**, explizit für *Buddenbrooks* und das gesamte Frühwerk von Bedeutung;
→ **Philosophie Nietzsches und Schopenhauers**, besonders was den Gegensatz von Kunst und Alltagsleben betrifft, ebenfalls ein tragender Bestandteil v. a. des Frühwerks;
→ Musik, bes. Richard Wagners;
→ nach zunächst demokratieskeptischen Tendenzen schließlich **entschieden humanistisch-demokratisches Engagement**, ohne jedoch dabei parteipolitisch tätig zu werden.

Wichtig zum Ende des 19. und Beginn des 20. Jahrhunderts:

1871:	Gründung des Deutschen Reiches nach dem Sieg im Deutsch-Französischen Krieg
	Wilhelm I., König von Preußen, wird deutscher Kaiser (1871–1888).
	Otto von Bismarck wird Reichskanzler (1871–1890) und gilt als einflussreichster europäischer Staatsmann.
1875:	Vereinigung des Allgemeinen Deutschen Arbeitervereins (ADAV, gegründet 1863 von Ferdinand Lassalle) mit der Sozialdemokratischen Arbeiterpartei (SDAP, gegründet 1869 von August Bebel und Wilhelm Liebknecht)
1878:	Inkrafttreten der „Sozialistengesetze": Verbot sozialistischer und sozialdemokratischer Organisationen im Deutschen Reich
1888:	Wilhelm II., deutscher Kaiser und König von Preußen bis 1918,

	preußisch-deutscher Nationalismus, zugleich Aufstieg zu führender Industrienation in Europa
1890:	Rücktritt Bismarcks vom Amt des Reichskanzlers,
	Ende der „Sozialistengesetze", SDAP benennt sich in SPD um, Erstarken der sozialistischen Bewegung in ganz Europa
1914:	Beginn des 1. Weltkriegs
1917:	Eintritt der USA in den 1. Weltkrieg
1918:	Ende des 1. Weltkriegs, Kapitulation Deutschlands, Novemberrevolution im Deutschen Reich, Ausrufung der Republik, Abdankung des Kaisers
1919:	Gründung der Weimarer Republik

Lübeck im 19. Jahrhundert – wissenswerte Aspekte für den Hintergrund der Handlung des Romans:

→ Großer Wohlstand Lübecks durch Handelsflotte (u. a. Getreideimport)

→ Hansestadt Lübeck ist souveränes Mitglied des Deutschen Reiches.

→ Der Senat ist die höchste Institution des Staates (14 Senatoren, darunter Thomas Manns Vater).

→ **1803** wird durch den Reichsdeputationshauptschluss den Hansestädten Neutralität bei allen Reichskriegen zugesichert.

→ **1806** besetzt Blücher im Oktober das neutrale Lübeck, wird aber von den im November anrückenden Franzosen vertrieben.

→ **1813** wird Lübeck, das seit 1810 Frankreich zugeschlagen worden war, durch die Schweden befreit. Durch den Frieden wird Lübeck wieder selbstständig und Mitglied des Deutschen Bundes.

→ **1866** erklärt die Stadt ihren Beitritt zum Norddeutschen Bund.

→ **1868** tritt die Stadt dem Zollverein bei.

→ Allmählich zurückgehende wirtschaftliche Blüte (Aufhebung der Vorrechte für Zünfte und Handelsgenossenschaften 1866, Schutzzölle gegen russische Getreideimporte 1878, Nord-Ostsee-Kanal 1887–1895)

Ereignisse und Einflüsse

Im Folgenden werden einige Ereignisse und Einflüsse aufgeführt, die für die Entstehung von *Buddenbrooks* von Bedeutung sind. Sie sind nicht als repräsentativ zu bezeichnen. Besonders dreierlei ist hier zu nennen: die Einflüsse der Philosophien Nietzsches (Künstler-Thematik) und Schopenhauers (Thema von Verfall und Tod), die Zusammenarbeit Thomas Manns mit seinem Bruder Heinrich (Familienroman) und verschiedene Einflüsse auf die Schreibweise.

Lübeck um 1900, Blick auf die Altstadt. Vorne der Holstenhafen, im Hintergrund St. Marien und ganz rechts das Holstentor.

JAHR	EREIGNIS/EINFLUSS
1875	Geburt als zweites Kind der Lübecker Kaufmanns- und Patrizierfamilie Mann; familiäre Einflüsse → großbürgerliche Kultur, literarisch-musische Einflüsse, materielle Sicherheit
1893	Mitarbeit am und Mitherausgabe des *Frühlingssturm. Monatszeitschrift für Kunst, Literatur und Philosophie* → gegen preußischen Drill in Schule und Leben, Einfluss der Dichtung Heinrich Heines
1894	Nach dem Tod des Vaters und der Liquidation des Geschäfts Übersiedlung zur Mutter und den Geschwistern nach München. Dort Prosa-Skizzen und erste veröffentlichte Novelle (*Gefallen*) → Psychologie in der Literatur, Einfluss Paul Bourgets („Dilettantismus": Introspektion, Außenseiter-Position des Künstlers)
1895	Aufgabe der Anstellung bei einer Versicherung, neues Berufsziel: Journalismus → Schreiben als Beruf: Kritiken Nietzsche-Rezeption: Künstlertum, Weltdistanz
1895–1896	Mitarbeit an der vom Bruder Heinrich Mann herausgegebenen Zeitschrift *Das Zwanzigste Jahrhundert* → konservative, stellenweise antisemitische Grundhaltung, später von Thomas Mann nur schwer eingestanden.
1896–1898	Italien-Aufenthalt mit Heinrich Mann → gemeinsame Materialsammlung zu den *Buddenbrooks*, Detailfülle. Der Roman selbst wird allein von Thomas Mann verfasst.
1898	München: Tätigkeit als Lektor und Korrektor für die Zeitschrift *Simplicissimus* → Vertrautheit mit satirischem Schreiben; Schopenhauer-Rezeption: Metaphysik des Todes

2.3 Angaben und Erläuterungen zu wesentlichen Werken

Die Künstler-Thematik im Werk Thomas Manns (Auswahl):

1901: *Buddenbrooks* (Familie – Geschäft – Kunst)

1903: *Tristan* und *Tonio Kröger* (Künstler als Antibürger)

1912: *Der Tod in Venedig* (Künstlertum und Verfall)

1924: *Der Zauberberg* (philosophische Reflexion)

1930: *Mario und der Zauberer* (gefährliche Ambivalenz des Künstlers)

1939: *Lotte in Weimar* (Ambivalenz des Goethe-Kults)

1947: *Dr. Faustus* (Künstler-Existenz)

Weitere wichtige Werke:

1933–
1943: *Joseph und seine Brüder* (Tetralogie)

1951: *Der Erwählte*

1954: *Bekenntnisse des Hochstaplers Felix Krull*

Künstler-Thematik

Eine wesentliche Konstante im Werk Thomas Manns ist das Verhältnis von Künstler und Gesellschaft. Zumeist erscheinen beide als Gegensätze; der Künstler ist Repräsentant des Un-, wenn nicht Antibürgerlichen. Das gilt sowohl für die frühen Erzählungen und Novellen als auch für einzelne Erzählungen, die nach *Buddenbrooks* erschienen sind, wie etwa *Tonio Kröger* (1903), *Tristan* (1903) und *Das Eisenbahnunglück* (1909). Eng mit dem Thema Künstler – Gesellschaft zusammen hängt die Verfalls-Thematik, z. B. in *Der Tod in Venedig* (1912), wo der Schriftsteller Gustav Aschenbach aufgrund einer homoerotischen Verliebtheit sehenden Auges in die Katastrophe läuft. Jedoch wird das Künstlertum

Verfalls-Thematik

auch ambivalent behandelt: In *Mario und der Zauberer* (1930) erscheint der Artist/Künstler in Gestalt von Cipolla als Verführer, und das Olympiertum Goethes erfährt, nicht ohne ironischen Bezug auf Thomas Mann selbst, in *Lotte in Weimar* (1939) eine ambivalente Bewertung.

Philosophische Einflüsse

Mit der Schopenhauer- und Nietzsche-Rezeption zeichnet sich in *Buddenbrooks* bereits etwas ab, was im Nachfolgeroman *Der Zauberberg* (1924) zur Vollendung gelangen sollte: die Aufnahme und Reflexion von Standpunkten der idealistischen Philosophie; was sich im ersten Roman noch in sporadischen Grübeleien des Senators oder einigen Gesprächen und Gedanken zur Musik Richard Wagners erschöpft, wird in *Der Zauberberg* zum Gegenstand des ständigen Dialogs zwischen Settembrini und Naphta.

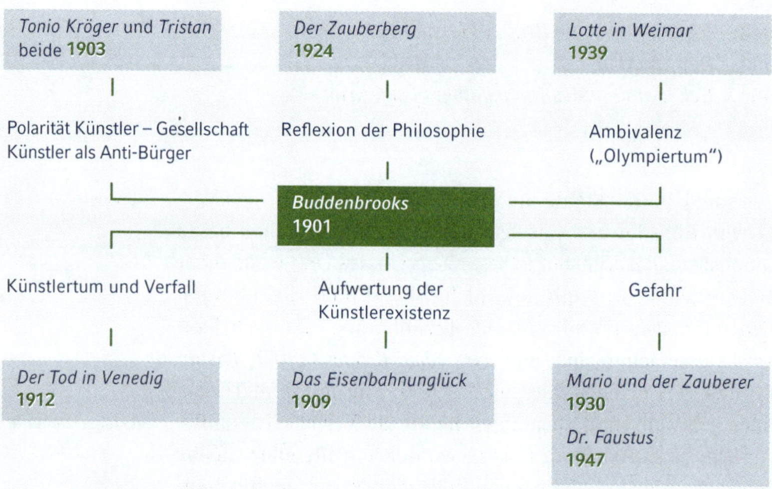

3. TEXTANALYSE UND -INTERPRETATION

3.1 Entstehung und Quellen

ZUSAMMEN-FASSUNG

Ursprünglicher Plan Thomas Manns: Künstler-Novelle um Hanno Buddenbrook

1896/97: Materialsammlung zusammen mit dem Bruder Heinrich Mann

1900: Fertigstellung des Manuskripts

1901: Druck und Erscheinen von *Buddenbrooks*

Vorstufen zu den *Buddenbrooks*

Zwischen **1894** und **1896** verfasst Thomas Mann erste Novellen und Erzählungen, die nach Überarbeitungen 1898 von S. Fischer im Rahmen der Reihe *Collection Fischer* als Novellensammlung herausgebracht werden. Darunter befinden sich auch *Der kleine Herr Friedemann* und *Der Bajazzo*. Im Anschluss daran ist es der Verleger selbst, der, vermutlich aus verkaufsstrategischen Gründen, einen Roman anregt.

Zusammenarbeit mit dem Bruder Heinrich Mann

Doch beschäftigt sich Thomas Mann bereits zuvor mit der in den *Buddenbrooks* ausgearbeiteten Thematik. **1896** weilt er zusammen mit seinem Bruder Heinrich in Rom. Dort entwerfen sie offenbar auf Initiative und unter der Federführung des Älteren eine

„endlose() Bilderfolge, die wir ‚Das Lebenswerk' nannten und deren eigentlicher Titel ‚Die soziale Ordnung' lautete. Wirklich stellten diese Blätter ... die menschliche Gesellschaft in allen

> ihren Typen und Gruppen dar, vom Kaiser und Papst bis zum Lumpenproletarier und Bettler ...“[1]

Das Interesse an einem umfassenden, den Menschen in seinen verschiedensten Erscheinungsformen und seelischen Zuständen zeigenden Werk wird jedoch schon hier deutlich.

Die Materialsammlung als Gemeinschaftsunternehmen

1897 verlegen die Brüder ihre Wohnung aus Rom in das 30 km südöstlich gelegene Palestrina. Hier beginnt Thomas Mann, unterstützt von seinem Bruder, mit den ersten Arbeiten für die *Buddenbrooks*. Zunächst plant er lediglich eine Novelle um Hanno Buddenbrook, doch entwickelt der Stoff eine Eigendynamik:

> „(W)ährend ich mich eigentlich nur für die Geschichte des sensitiven Spätlings Hanno und allenfalls für die des Thomas Buddenbrook interessiert hatte, nahm all das, was ich nur als Vorgeschichte behandeln zu können geglaubt hatte, sehr selbstständige, sehr eigenberechtigte Gestalt an.“[2]

Vielfältige Quellen

Die Arbeiten bestehen im „Aufstellen von Stammbäumen, (dem) Berechnen chronologischer Schemata und Kapiteleinteilungen“[3]; Namenslisten, Eigenschaften bestimmter Haupt- und Nebenfiguren, Redewendungen und Stichwortsammlungen werden gesammelt und später zu einem großen Teil in den Roman eingearbeitet. Dabei bedient sich Thomas Mann der verschiedensten Quellen: Die Mutter steuert ein Kochbuch bei, das sie eigens in die alte

---

1 Zitiert nach K. Schröter: *Thomas Mann*, Reinbek (=rowohlts monographien) 1984, S. 47
2 Thomas Mann: *Lübeck als geistige Lebensform*, in: ders.:*Selbstkommentare ‚Buddenbrooks'*, Frankfurt a. M. 1990, S. 65–76, S. 66
3 K. Schröter, S. 48

Schreibweise überträgt; ein Cousin des Vaters berät in handels- und finanztechnischen Details; die Schwester Julia fertigt ein ausführliches Dossier über das Vorbild für Tony Buddenbrook an. Wie viel der ältere Bruder beisteuert, kann nicht quantifiziert werden, da beide Brüder zur Zeit der Entstehung des Romans eine Lebens- und Arbeitsgemeinschaft bilden und der wesentliche Austausch mündlich vonstattenging.

Trotz dieses Gemeinschaftscharakters gibt Heinrich Mann zu Protokoll:

> „Wenn ich mir die Ehre beimessen darf, habe ich an dem berühmten Buch meinen Anteil gehabt; einfach als Sohn desselben Hauses, der auch etwas beitragen konnte zum gegebenen Stoff. Das Wesentliche, ihr Zusammenklang, die Richtung, wohin die Gesamtheit der Personen sich bewegte – die Idee selbst gehörte dem Autor allein."[4]

Buddenbrooks ist also keine Gemeinschaftsproduktion im hergebrachten Sinne, selbst wenn Thomas Mann ursprünglich einmal Pläne zu einer Aufteilung des Romans unter den Brüdern gehabt haben sollte.

Fertigstellung. Selbsteinschätzung. Rezeption

Nach der Materialsammlung übersiedeln die Brüder Mann im Oktober **1897** wieder nach Rom. Dort beginnt Thomas Mann mit der Niederschrift des Manuskripts. Dabei kommt er zunächst zügig voran, denn bereits nach dreieinhalb Monaten hat er die ersten drei Teile abgeschlossen. Schließlich kommt die Arbeit am 18. Juli **1900** zum Abschluss. Am 13. August 1900 schickt er das Manu-

---

4 Zitiert nach K. Schröter, S. 54

skript, von dem es nur ein einziges handgeschriebenes Exemplar gibt, an den Fischer Verlag. Im Januar **1901** mahnt Mann den Verleger Samuel Fischer, zu einer endgültigen Entscheidung zu kommen. Der gibt nach einigen Bedenken wegen des Umfangs im Februar 1901 seine verbindliche Zusage, und noch im Oktober desselben Jahres liegt das Buch gedruckt vor, nachdem der Autor mehrfach zur Eile gedrängt hatte.

Oktober 1901 erscheint der Roman

Mann selbst ist sich des Erfolgs keineswegs sicher gewesen: Dem Cousin seines Vaters fühlt er sich zu Dank verpflichtet für „viel Verständnis für meine offenbar brotlosen Pläne“[5], und von Lesungen im Kreis der Familie berichtet Thomas Mann:

> „... war die allgemeine Auffassung die, es handle sich bei meinem weitläufig-eigensinnigen Unternehmen um ein Privatvergnügen von geringen Weltaussichten und bestenfalls um eine ausgedehnte künstlerische Fingerübung. Ich wüsste kaum zu sagen, ob ich anderer Meinung war.“[6]

Anfangs schleppender Verkauf

Dem scheint die Aufnahme des Romans in der Öffentlichkeit zunächst zu entsprechen. Der Verkauf der ersten, zweibändigen Auflage läuft schleppend an, um sich dann jedoch, in Form von einbändigen und Volksausgaben, rasant zu beschleunigen, bis der Autor **1929**, also 28 Jahre nach dem ersten Erscheinen, für sein Werk mit dem Literaturnobelpreis geehrt wird und das Buch den Rang eines Klassikers der Moderne beanspruchen darf. (Vgl. dazu auch Kapitel 4.)

---

5 Thomas Mann: *Lübeck als geistige Lebensform,* in: ders.:*Selbstkommentare ‚Buddenbrooks‘,* Frankfurt a. M. 1990, S. 67

6 Zitiert nach K. Schröter, S. 55

3.2 Inhaltsangabe

ZUSAMMEN-FASSUNG

Dargestellt werden Blüte und Niedergang der großbürgerlichen Kaufmannsfamilie Buddenbrook über vier Generationen. Die Romanhandlung spielt in Lübeck und setzt im Jahre 1835 ein, als Tony, Thomas und Christian Buddenbrook, die Vertreter der dritten Generation und Träger der Haupthandlung, noch Kinder sind. Schon früh fallen charakterliche Unterschiede auf. Das vierte Kind, Clara, wirkt von Beginn an kränklich und stirbt 26-jährig. Thomas tritt mit 16 Jahren in das Geschäft ein, zu dem Christian nie eine Neigung entwickelt. Beide Ehen Tonys scheitern. Thomas heiratet die reiche Gerda Arnoldsen, was zu einem scheinbaren Aufschwung des Geschäfts beiträgt. Das Paar errichtet sich ein prachtvolles, überdimensioniertes Haus, welches nicht mit Leben gefüllt werden kann. Der gemeinsame Sohn Hanno erweist sich als empfindsam, kränklich und nicht geschäftstauglich. Unterdessen ist es mit dem Geschäft aus privaten und wirtschaftlichen Gründen immer weiter bergab gegangen. 1875 stirbt Thomas, Hanno zwei Jahre später mit 16 Jahren. Christian endet in der Nervenheilanstalt. Am Ende bleiben Tony Buddenbrook, ihre Pensionsmutter und vier Cousinen zurück.

Erster Teil
Kindheit von Thomas, Christian und Tony Buddenbrook; ein Familienkonflikt wird zugunsten des Geschäfts entschieden

Die Budden-brooks – eine Lübecker Patrizierfamilie

Im Oktober 1835 feiert die Familie Buddenbrook mit einigen Gästen in der Lübecker Mengstraße die Einweihung des neu bezogenen Hauses. Familienoberhaupt ist Johann Buddenbrook sr., ein in seinem Denken ebenso aufgeklärter wie im Privaten unnachgiebiger Großkaufmann, Inhaber einer Getreidefirma, verheiratet mit Antoinette. Sein Sohn aus dieser zweiten Ehe, Konsul Johann Buddenbrook, auch Jean genannt, ist bereits als Teilhaber am väterlichen Handelsgeschäft beteiligt. Aus Jeans Ehe mit Elisabeth Kröger, genannt Bethsy, Tochter einer weiteren Lübecker Patrizierfamilie, stammen zu diesem Zeitpunkt drei Kinder: die ungleichen Brüder Thomas und Christian und zwischen beiden Tony. Während Thomas bereits als Kind zum Geschäftsmann prädestiniert erscheint, fällt Christian schon früh durch schauspielerisches Talent, eine gewisse Exaltiertheit und übertriebenes Krankheitsempfinden auf. Klothilde, das Kind weitläufiger, verarmter Verwandter, wird ebenfalls im Haus erzogen.

Ungleiche Geschwister

Über der Familie lastet der Konflikt zwischen Johann Buddenbrook sr. und seinem Sohn aus erster Ehe, Gotthold. Er lebt in einer von der Gesellschaft so empfundenen Mesalliance und ist praktisch aus der Familie ausgeschlossen. Der Vater hatte ihn schon zuvor „ehrlich und bitterlich" (55) gehasst, weil seine geliebte Frau Josephine bei der Geburt starb. Nun fordert Gotthold brieflich als Ausgleich für den Erwerb des Hauses als Entschädigung 33.335 Courantmark, ein Drittel der Kaufsumme, doch der Vater bleibt hart.

Konflikt Johann Buddenbrooks mit seinem ersten Sohn Gotthold

Jean befindet sich deswegen in einem inneren Zwiespalt: Einerseits liegt ihm, christlich gesonnen, viel am Familienfrieden, andererseits hat er die Interessen der Firma im Auge. Nach einer nüchternen Berechnung entscheidet der Vorteil des Unternehmens, und Gottholds Ansprüche werden zurückgewiesen.

Zweiter Teil

Tod der Großeltern, Thomas' Eintritt ins Geschäft

Zweieinhalb Jahre später. Clara Buddenbrook wird im April 1838 als viertes Kind des Konsuls Johann Buddenbrook und seiner Frau Elisabeth geboren. Anlässlich der Eintragung in die Familienchronik erweist sich nochmals die starke Frömmigkeit des Konsuls.

Frömmigkeit „Jean" Buddenbrooks

Der Familienchronik ist auch das Geschäftsmotto zu entnehmen: „Sey mit Lust bey den Geschäften am Tage, aber mache nur solche, daß wir bey Nacht ruhig schlafen können." (56) Der Wohlstand der Buddenbrooks wird als „solide, wenn auch ein wenig schwerfällig" (59) beschrieben. Dynamische Konkurrenz droht vom Hause Hagenström, einer jungen und entschlossenen Kaufmannsfamilie.

Hagenström – der ewige Konkurrent

Tony erlebt in Lübeck eine alles in allem glückliche Kindheit und Jugend, die sie mit Stolz auf ihre Familientradition erfüllt. Die Gegensätzlichkeit zwischen Thomas und Christian vertieft sich. Antoinette Buddenbrook stirbt im Januar 1842, Johann Buddenbrook sr. zieht sich aus dem Geschäft zurück und stirbt kurz nach seiner Frau im März. Gotthold sucht die Annäherung an seinen Bruder Johann und erscheint zur Beerdigung des Vaters. Thomas tritt, gerade aus der Schule entlassen, mit 16 Jahren ins Geschäft ein.

Tonys Stolz

Thomas' früher Eintritt ins Geschäft

Eine erste Bilanz legt zwar Wohlstand offen, aber auch, dass das Geschäftsergebnis hinter den Erwartungen zurückbleibt.

Christian fällt durch die Verehrung einer Schauspielerin auf, und Tony wird wegen mangelnder Leistungen und Disziplin in das Pensionat der Therese „Sesemi" Weichbrodt gegeben.

Dritter Teil
Tonys erste Ehe

Etwa drei Jahre sind vergangen. Thomas („Tom“) ist mittlerweile voll im Geschäft tätig. Bei den Buddenbrooks erscheint, zunächst scheinbar nur in geschäftlicher Absicht, der 32-jährige Bendix Grünlich aus Hamburg. Sein einschmeichlerisches Auftreten stößt die 18-jährige Tony ab; die Eltern haben dagegen eine gute Meinung von ihm.

Grünlich hält um Tonys Hand an

Es wird schon bald deutlich, dass Grünlichs Schmeichelei ausgerechnet Tony gilt, und tatsächlich hält er bald um ihre Hand an. Tony ist entsetzt darüber, doch den Eltern erscheint die Verbindung durchaus genehm und sie üben Druck auf Tony aus. Diese lehnt Grünlich nach wie vor innerlich zwar ab, kokettiert aber mit dem Gefühl persönlicher Wichtigkeit für die Familiengeschichte.

Als sie den Belastungen nicht mehr standzuhalten droht, wird sie zur Erholung nach Travemünde geschickt, wo sich auch andere Lübecker Kaufmannsfamilien – unter ihnen die Hagenströms – erholen. Tony wohnt – unstandesgemäß – bei der Familie des Lotsenkommandeurs Schwarzkopf. Dort lernt sie den Sohn der Familie, Morten Schwarzkopf, kennen. Er studiert Medizin in Göttingen, ist persönlich eher zurückhaltend, gehört aber einer freiheitlich gesinnten studentischen Verbindung an und tritt leidenschaftlich für demokratische Ideale ein. Tony bewundert ihn seines Wissens wegen und findet ihn sympathisch. Sinnbild für Mortens eher introvertierte Art ist sein Sitzen „auf den Steinen“, abseits der Gesellschaft am Strand.

Tony liebt Morten Schwartzkopf

Tony erklärt Morten ihre Liebe, die er erwidert: Wenn das Studium abgeschlossen ist, möchte er um Tonys Hand anhalten.

Grünlich schreibt an Tony und versucht, durch das Übersenden eines Verlobungsringes vollendete Tatsachen zu schaffen. Tony unterrichtet ihren Vater brieflich über ihre Gefühle, dieser übt –

wie zuvor Grünlich auf ihn mit einer Selbstmorddrohung –Druck auf Tony aus, im Sinne der Familie zu handeln.

Druck der Familie auf Tony

Grünlich erscheint bei den Schwarzkopfs in Travemünde und pocht auf vermeintliche Rechte auf Tony. Morten muss auf Veranlassung seines Vaters nach Göttingen abreisen, ohne sich von Tony richtig verabschieden zu können, und Tony wird von Thomas abgeholt.

Tony kehrt voll Wehmut nach Hause zurück, doch das Gefühl der eigenen Wichtigkeit kommt wieder in ihr auf, und schließlich fällt sie selbst die Entscheidung, sich mit Grünlich zu verloben. Die Mitgift wird zwischen Grünlich und dem Konsul verhandelt wie ein Kaufpreis. Die Hochzeit findet zu Beginn des Jahres 1846 statt; von wirklicher Liebe zueinander ist nichts zu spüren.

Tony heiratet Grünlich

Tony zieht mit Grünlich nach Hamburg, Thomas übersiedelt für einige Zeit geschäftlich nach Amsterdam und verabschiedet sich zuvor von seinem „Verhältnis", der Blumenverkäuferin Anna.

Vierter Teil
Tonys Scheidung, Tod des Vaters

1846 wird Erika Grünlich als Tochter von Tony und Bendix Grünlich geboren. Die Zeiten werden politisch unruhiger, 1848 dringt die Revolution auch nach Lübeck vor. Das Volk fordert das allgemeine und gleiche Wahlrecht.

Revolution

Unter Einsatz seines Ansehens und seiner plattdeutschen Sprachkenntnisse kann Konsul Buddenbrook das Volk beruhigen. Die Revolution hat, obwohl sie unter den Mitgliedern der Bürgerschaft teilweise Panik hervorruft, in Lübeck einen eher heiteren Charakter. Trotz des guten Ausgangs ist Buddenbrooks Schwiegervater, der alte Konsul Kröger, so empört und aufgeregt, dass er an einem Herzanfall stirbt.

Tony wird gewahr, dass Grünlich kurz vor dem Bankrott steht. Nur Buddenbrook könnte die Firma vor dem Ruin retten, doch haben Buddenbrooks selbst stärkere Verluste hinnehmen müssen. Auf Bitten Grünlichs kommt Johann Buddenbrook nach Hamburg. Im Grunde steht fest, dass er Grünlichs Firma nicht zu retten bereit ist, andererseits plagt ihn ein schlechtes Gewissen wegen Tony.

Grünlichs Bankrott, Tonys Scheidung

Tony macht sich erst langsam klar, was ein „Bankerott" auch für sie bedeuten würde. Ihr Vater legt ihr die Trennung von Grünlich nahe. Bei einer Auseinandersetzung mit Grünlich und dessen Bankier Kesselmeyer erfährt Johann Buddenbrook, dass er und seine Tochter nach Strich und Faden von Grünlich betrogen worden sind. Mittels gefälschter Bilanzen und gestreckter Kredite war es diesem gelungen, einen seriösen Eindruck zu erwecken, um an die 80.000 Courantmark Mitgift zu kommen, um einen Ruin aufzuschieben. Tony selbst war ihm offensichtlich gleichgültig.

Mit Tony und der kleinen Erika verlässt der Konsul das Haus. 1850 wird die Ehe geschieden. Tony lebt sich nach und nach in Lübeck wieder ein, auch wenn sie als Geschiedene gelegentlich Spott und Verachtung ertragen muss. Ihr kindlich-naives Wesen, ihren Trotz und ihre Zuversicht hat sie sich bewahrt.

Tod des Konsuls

Der Konsul beginnt zu kränkeln. In der zweiten Septemberwoche 1855 stirbt Konsul Johann Buddenbrook, Christian, der sich erst in London und seit 1851 in Valparaiso (Chile) aufhält, wird zurückgerufen.

Fünfter Teil

Christians beginnender geistiger Abbau, Thomas wird Konsul, doppelte Verlobung im Hause Buddenbrook

Thomas macht sich um den Familienfrieden verdient

Zwei Wochen später. Anlässlich der Testamentseröffnung Johann Buddenbrooks lehnt Thomas das ihm zustehende Konsulat zugunsten seines Onkels Gotthold ab. Der bisherige Prokurist Marcus, ein bedächtiger Mann, der lange in der Firma beschäftigt ist, wird in geringem Umfang Teilhaber des Geschäfts. Die Bilanz ist insgesamt besser als erwartet, doch ist Thomas nicht zufrieden. Für den Fall einer Wiederverheiratung ist für Tony nur eine geringe Mitgift vorgesehen.

Frömmelei der Konsulin

Die alte Konsulin zeigt zunehmend religiös-frömmelnde Neigungen, was bei allen Kindern bis auf Clara auf Ablehnung stößt. Christian kehrt im Februar 1856 zurück, gibt sich „englisch" und wirkt stellenweise abwesend und in seiner eigenen Welt versunken. Thomas und er entfremden sich zunehmend. Dennoch tritt Christian im Rang eines Prokuristen in die Firma ein. Sein Arbeitseifer erlahmt rasch, er verlagert seinen Lebensmittelpunkt zunehmend in den Klub und wird stellenweise zum Gespött selbst anderer „Suitiers".

Christians zunehmende Exzentrik

Gotthold Buddenbrook, in bescheidenen Verhältnissen privatisierend, stirbt im Mai 1856 sechzigjährig, und das Konsulat geht nun auf Thomas über. Im Haus an der Mengstraße tritt zunehmend das religiöse Leben in den Mittelpunkt. Die alte Konsulin richtet eine Sonntagsschule und „Jerusalemsabende" zur Erbauung ein. Pfarrer und Missionare, oft von zweifelhaftem Wesen, sind regelmäßig zu Gast. Unter ihnen ist auch ein Pastor Tiburtius aus Riga, der rasch Gefallen an der etwas blassen Clara findet und um ihre Hand anhält. Zugleich erfährt die Mutter von Thomas' Gefühlen für Gerda Arnoldsen, Tonys frühere Zimmerkameradin aus dem Pensionat der Sesemi Weichbrodt. Im Herbst 1856 wird im Haus an der Mengstraße Doppel-Verlobung gefeiert. Claras Hochzeit findet nach Weihnachten statt, Thomas' Trauung mit Gerda zu Jahresbeginn 1857. Gerda entstammt einer reichen holländischen Kaufmannsfamilie und bringt eine große Mitgift in die Ehe, d. h. in die Firma ein. Vom Wesen her wirkt sie einerseits künstlerisch-exotisch, was sie von den bodenständigen Lübeckern abhebt, an-

Doppelte Verlobung: Clara – Tiburtius, Thomas – Gerda Arnoldsen

dererseits aber auch kühl und herrisch, was kommende Konflikte befürchten lässt. Während ihrer zweimonatigen Hochzeitreise richtet Tony ein neu gekauftes Haus in der Breitenstraße für die beiden ein.

Sechster Teil
Tonys zweite Ehe und Scheidung, Christian scheidet aus dem Geschäft aus

Gespanntes Verhältnis der Brüder

Thomas und Gerda Buddenbrook etablieren sich, nicht ganz spannungsfrei, in Lübeck. Tony schreibt am 2. April 1857 begeistert aus München, wo sie zu Besuch bei Erna Ewers, einer alten Freundin, weilt. Freudig schildert sie ihre Bekanntschaft mit Alois Permaneder, einem Hopfenhändler. Die Spannungen zwischen Thomas und Christian verschärfen sich. Thomas verachtet Christian für sein ganzes Wesen, doch ist vielleicht auch ein wenig Neid auf dessen Freiheit und Unbekümmertheit mit dabei. Offener Streit bricht Ende Mai anlässlich einer unbedachten und freimütigen Meinungsäußerung Christians, durch die Thomas die kaufmännische Ehre und damit die der Familie bedroht sieht, aus. Thomas bietet Christian die Auszahlung und den Ausstieg aus dem Geschäft an. Nach wenigen Tagen willigt Christian ein und reist Anfang Juni 1857 nach Hamburg ab.

Tony heiratet den Hopfenhändler Permaneder

Alois Permaneder kommt nach Lübeck und wirkt im Hause Buddenbrook folkloristisch-fremd, befremdlich auch auf Tony. Tom ist eher amüsiert und scheint für seine Schwester zu hoffen. Diese ist sich selbst sehr unsicher, ob sie Permaneder das Jawort geben soll. Kurz vor Permaneders Abreise willigt sie ein. Die Hochzeit im Herbst 1857 wird in kleinem Rahmen gefeiert.

Thomas erweist sich als mitten im Leben stehend; das Geschäft floriert, wenn auch anscheinend unter Mühen. Immer wieder durchziehen fatalistische Züge seine aktive Lebenseinstellung.

Scheitern von Tonys zweiter Ehe

In München nutzt Permaneder zum Entsetzen Tonys die Mitgift, um sich aus dem Geschäft zurückzuziehen und vollkommen zu privatisieren. Tony resigniert und sieht ihre Erwartungen an das Leben vollkommen gescheitert. Hoffnung bringt 1859 eine Schwangerschaft, doch stirbt das Kind kurz nach der Geburt. Tonys Unglück vollendet sich, als sie Permaneder dabei ertappt, wie er sich betrunken an der Köchin Babette vergreifen will. Zugleich bedenkt er sie mit ihrer Ansicht nach untragbaren Ausdrücken. Entrüstet kehrt sie mit Erika Ende November 1859 nach Lübeck zurück und will die Scheidung. Hauptgründe sind dafür allerdings nicht der Zwischenfall und dieses „Wort" (376 und öfter) – später erfährt man, Permaneder habe gesagt: „Geh' zum Deifi, *Saulud'r dreckats*!" (394) –, sondern Tonys verletzter Ehrgeiz und ihr Fremdheitsgefühl in München.

Buddenbrooks, Verfilmung nach dem Roman von Thomas Mann, Regie: Alfred Weidenmann, Szene mit Liselotte Pulver (als Tony) und Walter Sedlmayr (als Permaneder); Deutschland 1959 © Sammlung Richter/Cinetext

Permaneder willigt in die Scheidung ein, entschuldigt sich und gibt auch das Geld für die Mitgift zurück.

Christian geht eine zweifelhafte Verbindung ein

Christians Geschäfte, er hat sich in eine Hamburger Im- und Exportfirma eingekauft, gehen schlecht. Eine Ursache ist anscheinend seine Liaison mit Aline Puvogel, einer Schauspielerin mit bereits zwei Kindern von verschiedenen Männern.

Siebenter Teil

Thomas wird zum Senator gewählt, doch mit dem Geschäft geht es bergab. Der Sohn Hanno wird geboren, und Thomas baut ein neues, repräsentatives Haus.

Hanno wird als Sohn von Thomas und Gerda geboren

Über ein Jahr später. Mit Aufwand und lokalprominenter Beteiligung wird im Frühling 1861 die Taufe Johanns, des Sohnes von Thomas und Gerda, später „Hanno" genannt, gefeiert. Einer der beiden Paten ist Bürgermeister Oeverdick – eine Anerkennung der Bedeutung Thomas Buddenbrooks. Hanno, dessen Geburt bereits mit Komplikationen verbunden war, ist von vornherein als Erbe und Namensträger mit großen Erwartungen versehen.

Thomas wird Senator

Thomas Buddenbrook und Hermann Hagenström bewerben sich 1863 um ein frei gewordenes Senatorenamt; die Konkurrenz beider ist zugleich ein Wettstreit zwischen „altem" und „neuem" Lebensprinzip. Schließlich kann sich aber doch Buddenbrook durchsetzen. Mit 37 Jahren auf dem Höhepunkt seiner Karriere stehend, spürt Tom allerdings schon ein Nachlassen seiner Energie. Dennoch errichtet er sich, ohne dass es unbedingt erforderlich wäre, ein prachtvolles neues Haus in der Fischergrube.

Christian liquidiert seine Hamburger Firma und nimmt eine Stelle in London an.

Hanno entwickelt sich langsam und ist kränklich von Beginn seines Lebens an. Vor allem das selbstständige Gehen bereitet ihm Schwierigkeiten. Clara, mit Tiburtius nach Riga verzogen, leidet schwer an „Gehirn-Tuberkulose"; Christian erkrankt in London ernsthaft an Gelenkrheuma und will nach Hause zurückkehren, muss aber bereits bei seiner Ankunft in Hamburg ins dortige Krankenhaus.

Beim Senator Thomas Buddenbrook kommt immer stärkerer Pessimismus auf; er registriert den Widerspruch zwischen dem äußeren Anschein seiner Geltung und seiner tatsächlichen Lage. Clara stirbt 1864, und Tiburtius sichert sich handstreichartig ihr Erbteil von 127.500 Courantmark, die dem Geschäft entzogen werden. Nicht nur über die Summe ist Thomas entsetzt, sondern vor allem darüber, dass diese Angelegenheit völlig über seinen Kopf hinweg von seiner Mutter entschieden wurde.

Tod Claras, Tiburtius sichert sich das Erbe

Eine Kette geschäftlicher Misserfolge setzt den Abwärtstrend fort.

Achter Teil
Tonys „dritte Ehe" scheitert, Hanno als empfindsamer und schwächlicher Künstler-Typ

Hugo Weinschenk, Direktor des Büros einer Feuerversicherungsgesellschaft, umwirbt 1866 die zwanzigjährige Erika, er ist fast doppelt so alt. Er wird – da distinguiert – in den Kreis der Familie aufgenommen und heiratet Erika Grünlich 1867. Christian baut gesundheitlich und nervlich weiter ab; er wohnt wieder im Haus seiner Mutter, bekommt ein Taschengeld zugeteilt und zeigt einen unsteten Lebenswandel. Tony empfindet ihre „dritte Ehe", die Erikas mit Weinschenk, als nochmaligen Glückszustand; sie führt bei den Eheleuten den Haushalt und wohnt endgültig nicht mehr im Elternhaus. Christian zeigt anlässlich eines Besuches die ersten Zeichen von Verwirrung.

Tonys Tochter Erika heiratet

Beginnende Verwirrung Christians

Weinschenks bekommen 1868 ein Kind, Elisabeth.

Hannos Andersartigkeit

Hanno, weiterhin schwächlich, entwickelt angesichts der Schule Angstzustände in beunruhigendem Maße. Romantische Gedichte aus *Des Knaben Wunderhorn* beflügeln seine Fantasie und führen zu Zuständen von Melancholie, (Selbst-)Mitleid und Trauer. Thomas erscheint mit 42 Jahren ermattet; seine Selbstzweifel werden immer stärker, so sieht er sich etwa zu übertriebener Sparsamkeit gezwungen. Das Geschäftsleben empfindet er als brutal und unmenschlich, die Familientradition erscheint ihm als Last. Aus dieser Situation heraus und in der Absicht, frischen Elan zu zeigen, entschließt er sich nach innerem Kampf zu einem Spekulationsgeschäft mit Mais, zu dem ihn Tony angeregt hat.

Deprimierendes Firmenjubiläum

Das hundertjährige Firmenjubiläum am 7. Juli 1868 naht – für Thomas ein Anlass zur Depression. Als Geschenk übergibt ihm die Familie eine Tafel mit dem Bild der vier bisherigen Firmeninhaber und dem Geschäftsmotto – ein großer Kontrast zu Thomas' innerer Verfassung. Hanno, der auf jede Anforderung mit Weinen reagiert, soll ein Gedicht aufsagen, wobei er aber versagt. Thomas reagiert hart und gereizt. Bei der großen Gratulationsrunde sind alle Honoratioren aus Wirtschaft und Politik versammelt, nur Senator Buddenbrook selbst erscheint merkwürdig abwesend. Ohnehin in depressiver Stimmung, erhält er ein Telegramm: Hagelschlag hat die gesamte Maisernte vernichtet, mit der er spekuliert hat.

Hanno ist zwar schwach in der Schule, vor allem im Rechnen, doch fühlt er sich stark zu Gerdas Geigenspiel hingezogen. Bei Edmund Pfühl, einem eher traditionell eingestellten Kirchenmusiker, der nach vorheriger Ablehnung die Begeisterung für die Musik Wagners von Gerda übernimmt, erhält er Klavierunterricht. Mit eigenen Fantasien und Kompositionen erweist sich das Kind als kreativer, über die Maßen fantasiebegabter Geist. Mit Pfühl sieht er in den „Normalbürgern" ignorante Spießer, die das Wesen der Kunst nicht verstehen. Eine kleine Eigenkomposition zu seinem

Hannos Fantasiebegabtheit

achten Geburtstag am 15. April 1869 zeigt die außergewöhnliche Bedeutung, die die Musik für Hanno hat.

Entfremdung Thomas – Hanno

Von seinem Vater entfremdet er sich dagegen zunehmend. Die Musik ist ein Anzeichen für diese Entfremdung. Symbol für Hannos Konstitution sind seine Zähne: schön und blendend wie diejenigen Gerdas, weich und empfindlich wie diejenigen seines Vaters. Hannos Schmerzempfindlichkeit geht mit einem altklugen Wesenszug einher. Die Schule ist ihm verhasst. Einzig mit Kai Graf Mölln, einem Kind von zwar vornehmer Abstammung, aber äußerlicher Verwahrlosung, kann er Freundschaft schließen. Beiden gemeinsam ist die Lust am Fabulieren. In der Klasse sind sie dagegen Außenseiter. Thomas' Absicht, Hanno nach dem Bilde des alten Buddenbrook zu formen, erweist sich als Wunschprojektion und wird enttäuscht. Als Hanno in der Familienchronik blättert, zieht er unter seinem eigenen Namen intuitiv einen Strich. Vom Senator empört zur Rede gestellt, deutet er ihn als eine Art Schlussstrich.

Hannos symbolischer Schlussstrich

Gegen Hugo Weinschenk sind staatsanwaltliche Ermittlungen im Gange, geleitet von Staatsanwalt Dr. Moritz Hagenström, dem Bruder des Buddenbrook'schen Firmenkonkurrenten Hermann Hagenström. Weinschenk wird des Betruges, allerdings nicht zum persönlichen Vorteil, verdächtigt. Tony fürchtet um ihr „drittes Glück". Die Anklage legt sich belastend über das Weihnachtsfest 1869, das von der Konsulin nach wie vor nach dem alten Zeremoniell gefeiert wird. Christian erscheint innerlich weggetreten, Hanno blass und schmerzhaft glücklich. Er bekommt ein heiß ersehntes Puppentheater geschenkt sowie ein Harmonium und ein Buch mit den griechischen Mythen. Die Geschenke zeigen die Neigung des Kindes an. Christian führt mit dem Puppentheater eine „Oper" auf, bricht aber plötzlich ab – der manisch-depressive Zug verstärkt sich. Als dem Brauch gemäß der jüngste Buddenbrook mit allen anderen anstoßen soll, findet Hanno den Blick seines Vaters nicht. Sie sind sich vollkommen fremd gewor-

Weinschenk wegen Betrugs verurteilt – Tonys „dritte Ehe“ scheitert

den. Tony bittet Thomas, die Kaution für Weinschenk zu stellen, und sieht sich vor den Trümmern ihrer „dritten Existenz“. Der exzellente Verteidiger Breslauer aus Berlin erweist sich als falsche Wahl. Die einheimischen Richter vermag er nicht zu überzeugen. Weinschenk wird im Januar 1870 zu dreieinhalb Jahren Haft verurteilt, und Tony zieht samt Kind und Enkelin ein drittes Mal zurück in die Mengstraße.

Neunter Teil
Tod der Mutter, Verkauf des Hauses Mengstraße an den ewigen Konkurrenten Hagenström

Tod der Konsulin

Die alte Konsulin Buddenbrook erkrankt im Herbst 1871 an einer Lungenentzündung, was von den Ärzten zunächst heruntergespielt wird. Ein qualvoller Sterbeprozess setzt ein, bei dem weder Ärzte noch Angehörige helfen können. Schließlich stirbt die alte Konsulin, und damit ist das vielleicht letzte Band dahin, das die Familie zusammengehalten hat.

Finale Auseinandersetzung Thomas – Christian

Christian eröffnet seinen Geschwistern, dass er jetzt Aline Puvogel heiraten möchte. Ein offener, lautstarker und so bisher noch nicht erlebter Streit unter den Brüdern kommt auf. Wenn sie sich stellenweise darum streiten, wer von ihnen der Krankere sei, bekommt der Disput einen absurden Zug. Thomas überrascht mit der aufschlussreichen Bemerkung, seine an den Tag gelegten Wesenszüge entstammen lediglich dem Bedürfnis, nicht wie Christian werden zu wollen. Damit offenbart Thomas unabsichtlich auch seine eigene Identitätsschwierigkeiten.

Verkauf des Hauses Mengstraße an Hagenström

Das teilweise verfallene Haus in der Mengstraße soll zum Entsetzen Tonys veräußert werden. Nach hartnäckigen Kaufverhandlungen mit Makler Gosch verkauft Tom das Haus vergleichsweise unglücklich. Umso größer ist das Entsetzen, als der Makler einen Kaufinteressenten vorschlägt: Konsul Hagenström, den ewigen Konkurrenten der Buddenbrooks.

Hagenström kommt zur Besichtigung und schreitet selbstbewusst durch das Haus. Symbol für seine Stärke, mit der er die Buddenbrooks überflügelt hat, sind seine ausgeklügelte Heiratspolitik und die große Fruchtbarkeit der Familie. Insgesamt stellt der Verkauf für die Buddenbrooks eine Demütigung dar.

Tony zieht in eine Wohnung

Vom Deutsch-Französischen Krieg 1870/71 kann das Handelshaus Buddenbrook anscheinend keinen rechten Gewinn erzielen. Weihnachten 1871 wird vergleichsweise nüchtern, fast schon als Belastung gefeiert. Anfang 1872 wird das Haus leergeräumt, Tony zieht mit Tochter und Enkelin aus der Mengstraße in eine Wohnung vor dem Holstentor, Christian in eine Garçonwohnung.

Zehnter Teil
Thomas' Erschöpfung und Ende

Thomas' Ermattung und zunehmende Exzentrik

Die Ermattung Thomas Buddenbrooks schreitet weiter fort. Er fühlt sich müde und verbraucht und macht nur noch mittelmäßige Geschäfte, das Familienvermögen geht zurück. Seine Frustration gleicht er durch eine übermäßige Pedanterie aus, vor allem bei der Kleidung und der Körperpflege. Dabei kommt er sich nur noch wie ein Schauspieler vor; es ist einzig die Aktion, die ihm Leben vortäuscht.

Wider besseres Wissen hofft Thomas immer noch auf Hanno als seinen Nachfolger im Geschäft. Der hingegen bleibt weiter schwächlich und seinem Vater fremd. Das einzige der verordneten Hilfsmittel, das ihm wohltut, ist – Arsen! In der Schule wird Hanno von den Söhnen Hagenströms drangsaliert und gedemütigt, ohne dass er sich wehrt. Der Vater führt ihn in die Welt des Handels ein, doch bleibt er uninteressiert. Dafür durchschaut er die Schauspielerei seines Vaters.

Hanno genießt seine Ferien in Travemünde wie eine Art Erlösung vom Leben in Lübeck mit all seinen Verpflichtungen. Indes erreichen die Ferien nicht den beabsichtigten stärkenden Zweck.

1873 kommt Weinschenk aus dem Gefängnis frei. In den Kreis der Familie kann er sich nicht wieder einleben, geht schließlich unter dem Vorwand, eine Stelle anzunehmen, nach England und verschwindet dort.

Gerda hat ein Verhältnis

In der Stadt wird offen darüber geredet, dass Gerda den Senator mit Leutnant v. Throta betrügt. Für den Senator bedeuten die Momente der Ungewissheit eine Zeit schlimmsten Leidens; das Gefühl der Ohnmacht und Kraftlosigkeit wächst noch. Gerade in diesem Moment empfindet Hanno ein wirkliches Gefühl für seinen Vater – Mitleid.

Thomas' Schopenhauer-Erlebnis

Thomas Buddenbrook erkennt, dass er sich in seinem Sohn getäuscht hat, und sucht zunehmend Halt in der Metaphysik und der Religion, während ihn Todesahnungen heimsuchen. Er entdeckt im Hochsommer 1874 die Philosophie Schopenhauers, er liest *Über den Tod und sein Verhältnis zur Unzerstörbarkeit unseres Wesens an sich* (aus: *Die Welt als Wille und Vorstellung*). Schopenhauers Lehre von der Widerwärtigkeit und Scheinhaftigkeit des Daseins, verbunden mit der Sehnsucht nach der Auflösung des Selbst, wirkt auf Thomas wie eine Befreiung. Doch hält diese erlösende Wirkung nicht an. Thomas gibt die Gottes- und Wahrheitssuche auf und macht sein Testament.

Letzte Reise und überraschende Nähe Thomas – Christian

Zur Stärkung schickt sein Arzt ihn nach Travemünde, wohin ihn Christian begleitet. Sie erleben einen verregneten Aufenthalt, den sie schweigend und lamentierend mit Senator Gieseke, Konsul Döhlmann und Makler Gosch verbringen.

Thomas stirbt „am Zahn"

Im Januar 1875 verlässt Thomas mit starken Zahnschmerzen eine Sitzung des Senats. Der Versuch, den Zahn zu ziehen, misslingt. Auf Thomas' Wunsch wird die weitere Behandlung verschoben. Auf dem Heimweg stürzt er und wird bewusstlos ins Haus in der Fischergrube gebracht, wo er am Abend stirbt; sprechen kann er nicht mehr.

Tony scheint im ganzen Haus die Einzige zu sein, die um Tom trauert. Geistesgegenwärtig erkennt sie, dass es mit der Familie nun aus ist. Mit einer großen Trauerfeier, bei der der Verstorbene keine Rolle mehr zu spielen scheint, wird Senator Thomas Buddenbrook begraben.

Elfter Teil
Christian kommt in die Nervenheilanstalt, Hanno stirbt – faktisches Ende der Familie

Christian heiratet Aline Puvogel; die Firma wird liqudiert

Verschiedene Familienangehörige und Bekannte sind inzwischen verstorben. Christian Buddenbrook ist nach Hamburg gezogen und hat Aline Puvogel geheiratet, kommt jedoch auf Veranlassung Alines in eine geschlossene Anstalt. Bei der von Tom testamentlich verfügten Liquidation der Firma binnen eines Jahres entstehen große Verluste. Gerda will das Haus in der Fischergrube verkaufen und mit Hanno nach Amsterdam ziehen, was aber auf Druck Tonys unterbleibt. Das Haus wird schließlich doch mit größeren Verlusten verkauft, Gerda zieht mit Hanno im Herbst 1876 in eine kleine Villa, Ida Jungmann, die die Familie von Beginn an begleitet hatte, wird entlassen.

Hannos Schultag

Nach einer *Lohengrin*-Aufführung fürchtet sich Hanno vor dem folgenden Schultag, da er nicht präpariert ist. Die Schule präsentiert sich von außen neu, komfortabel und luftig, ist innerlich aber von preußischem Drill durchzogen. Die Lehrer sind harmlos oder martialisch-streng – gemeinsam ist allen, dass es nicht auf Inhalte, sondern auf Äußerlichkeiten ankommt. Der Unterrichtet verbreitet entweder Langeweile oder Angst und erzieht förmlich zu Betrügereien. Hanno fürchtet sich besonders vor einer Überprüfung im Lateinischen, die er aber durch eine Mogelei übersteht. Stattdessen bekommt er einen Tadel in Englisch, ausgerechnet in einer Situation, in der er Mitleid mit dem Lehrer Modersohn, einem überforderten Kandidaten (d. h. Lehrer auf Probe), empfindet. Damit steht fest, dass er nicht versetzt wird. Schule insgesamt bedeutet ihm Qual, auf die er nur mit Schwäche und Müdigkeit reagieren kann. Hanno empfindet Depressionen bis hin zum Todeswunsch. Allein zu Hause, versinkt Hanno im Klavierspiel – eine Fantasie gewinnt für ihn eine fast metaphysische Bedeutung.

Hannos Tod

Schließlich stirbt Hanno im Frühjahr 1877 an Typhus, wobei die letztliche Todesursache eher mangelnde Widerstandskraft ist, „Furcht und Abneigung bei der Stimme des Lebens" (754).

Gerda hält es nun endgültig nicht mehr in Lübeck; im Herbst 1877 zieht sie zurück zu ihrem Vater nach Amsterdam. Zurück bleiben Tony, kindlich-naiv und weiterhin von jugendlichem Aussehen, mit ihrer Tochter Erika, die drei Töchter Gotthold Buddenbrooks, Klothilde und Sesemi Weichbrodt. Das letzte Wort des Romans hat Sesemi Weichbrodt, sie bekräftigt, dass es ein Wiedersehen im Jenseits gebe.

3.3 Aufbau

ZUSAMMENFASSUNG

Der Roman spielt von 1835 bis 1877 in Lübeck, umfasst 11 Teile und stellt chronologisch den Aufstieg und Niedergang der Lübecker Kaufmannsfamilie Buddenbrook über vier Generationen dar.

TEIL	SEITEN/ ZITIERTE TASCHEN-BUCHAUS-GABE	ANZAHL DER KAPITEL PRO TEIL	ZEITRAUM DER ROMANHANDLUNG
Erster Teil	43	10	Oktober 1835
Zweiter Teil	41	7	April 1838 bis April 1842
Dritter Teil	78	15	Juni 1845 bis Anfang 1846
Vierter Teil	80	11	April 1846 bis September 1855
Fünfter Teil	55	9	September 1855 bis März 1857
Sechster Teil	91	11	April 1857 bis Anfang 1860
Siebter Teil	43	8	Frühling 1861 bis Winter 1865
Achter Teil	117	9	1866 bis Anfang 1870
Neunter Teil	55	4	Herbst 1871 bis Anfang 1872
Zehnter Teil	84	9	1872 bis Juni 1875
Elfter Teil	66	4	Herbst 1876 bis Herbst 1877

AUFBAU/VERLAUF DER ROMANHANDLUNG[7]

16./18.Jh.: Rückverweise

1682 Bau des Hauses in der Mengstraße

1768 Firmengründung

vor 1835: Blütezeit der Familie Ratenkamp

1835	1. Teil			sechs Teile für 25 Jahre	Johann Buddenbrook
1838–42	2. Teil				Jean Buddenbrook
1845–46	3. Teil				
1846–55	4. Teil				Blütezeit der Familie Buddenbrook
1855–57	5. Teil				
1857–60	6. Teil				
1861–65	7. Teil	**1861** Geburt Hanno	**1863 Höhepunkt** Thomas B. wird Senator	fünf Teile für 16 Jahre	Thomas B.
1866–70	8. Teil	**1868** 100-jahriges Firmenjubiläum			(Hanno)
1871–72	9. Teil				
1872–75	10. Teil				
1876–77	11. Teil				

nach 1877: Blütezeit der Familie Hagenström

7 Nach Rüdiger Bernhardt: *Deutsch-Abitur Nordrhein-Westfalen 2012 (Leistungskurs). Inhaltlicher Schwerpunkt: Epochenumbruch 19./20. Jahrhundert. unter besonderer Berücksichtigung der Entwicklung epischer Texte: Mann: ‚Buddenbrooks', Schnitzler: ‚Leutnant Gustl'.* Hollfeld: Bange, 2010, S. 64

Der äußere Aufbau des Romans gliedert sich in 11 Kapitel, „Teile“ genannt, und ist chronologisch. Die Handlung erstreckt sich über 42 Jahre, 1835–1877.

Äußere Symmetrie trügt

Die „mathematische Kompositionsstrenge“[8] der äußeren Symmetrie erweckt den Eindruck eines gleichmäßigen Zeitflusses. Dieser Eindruck trügt allerdings. So werden etwa die Zeiträume und Ereignisse um die Senatorenwahl Thomas' oder der Schultag und das Krankheitsbild Hannos sehr detailliert beschrieben (Zeitdehnung), während die ersten Jahre des Konsuls an der Spitze der Familie vergleichsweise knapp wiedergegeben werden.

Haus Mengstraße: geordnete Verhältnisse

Ein weiteres Gliederungsprinzip ist die Raumstruktur. Die Situation der Familie korrespondiert mit ihren Behausungen. Das Haus in der Mengstraße ist als Schauplatz des Anfangstableaus geräumig, verkörpert Wohlstand, nicht aber unangemessenen Luxus, und ist zu Beginn geprägt von der Lebensweise der Großfamilie. Mit dem Auszug von dreien der vier (bzw. mit Klothilde fünf) Kinder löst sich nicht nur die familiäre Struktur auf, sondern auch das geräumige Haus verliert seine eigentliche Funktion und muss zu Teilen sogar vermietet werden. Die ausgezogenen Geschwister ihrerseits finden kein neues „Haus“: Tony ‚pendelt‘ praktisch zwischen den Versuchen, eine eigene Familie zu gründen, und der Rückkehr ins Elternhaus; Christian irrt ohne feste Bindung durch die halbe Welt; für Clara ist das Verlassen des Elternhauses ein Auszug in den frühen Tod. Am deutlichsten repräsentiert das Haus in der Fischergrube den Zustand der Familie, hier allerdings kontrastiv. Der Luxus steht im Widerspruch zum ökonomischen und psychischen Zustand der Familie, das überdimensionierte Haus wirkt leer, tot, als Ort der Einsamkeit und der Stille. Schließlich ist das Haus in der Mengstraße teilweise verfallen und das

Hauslosigkeit von Christian, Tony und Clara

Überdimensioniertes Haus in der Fischergrube

8 Werner Welzig: *Der deutsche Roman im 20. Jahrhundert*, Stuttgart 1967, S. 181

Fischergruben-Haus wird zum Gegenstand der Liquidation. Am Ende wohnen die überlebenden Mitglieder der Familie in kleinen, der Situation anscheinend durchaus angemessenen Unterkünften: Tony in einer kleinen Wohnung, Klothilde in einem Damenstift und Christian in der Nervenheilanstalt. Indem die Familie zu Beginn und zum Ende der Handlung in ihr angemessenen Wohnungen lebt, folgt der Aufbau auch einer **kreisförmigen Struktur**. Freilich vollzieht sich innerhalb dieses Kreises ein mehr oder weniger geradliniger Abbau des familiären Zusammenhangs – der Kreis ist also eher eine abwärts führende Spiralbewegung.

Kreisstruktur

Finanzverhältnisse als Gliederungsprinzip

Zwar geht es in *Buddenbrooks* um weit mehr als um Geschäft und Geld, aber es fällt auf, dass der Erzähler regelmäßig deutlich macht, wie es finanziell um das Geschäft und die Familie steht. So lässt sich der Aufbau des Romans auch am Stand der finanziellen Verhältnisse festmachen.

Kontrastprinzip

Zugleich zeigt sich innerlich ein Kontrastprinzip, das an einzelnen Teilhandlungen erklärt werden kann: Thomas erhält das Senatorenamt, als er kräftemäßig schon nicht mehr in der Lage ist, es auszufüllen; das pompöse Haus an der Fischergrube wird errichtet, als die Buddenbrooks es sich eigentlich gar nicht mehr leisten können und es angesichts der geschrumpften Familie gar keine rechte Funktion mehr hat; die Feierlichkeiten zum Firmenjubiläum gestalten sich eigentümlich unfestlich; in dem Moment, wo Christian frei ist, Aline zu heiraten, führt ihn genau diese Heirat in die Heilanstalt; die vollkommene Loslösung von allen äußeren Zwängen und Zwecken bedeutet für Hanno keine Befreiung, sondern den Weg in die Katastrophe.

Dieses Kontrastprinzip steht in einem engen Zusammenhang mit dem Stilmittel der **Ironie** (vgl. 3.6). Die gegenläufigen Aufbauprinzipien bringen die Widersprüchlichkeit und Disharmonie in der Familiengeschichte der Buddenbrooks zum Ausdruck.

3.4 Personenkonstellation und Charakteristiken

ZUSAMMEN-FASSUNG

In *Buddenbrooks* treten sehr viele Personen auf; sie repräsentieren zum überwiegenden Teil das Großbürgertum in der zweiten Hälfte des 19. Jahrhunderts, stehen aber auch in ihrer individuellen charakterlichen Ausprägung für verschiedene Erscheinungen der Zeit. Sechs Personen stellen wir ausführlich vor.

Johann Buddenbrook sr.

→ ältester Vertreter der Familie,
→ Vertreter der Aufklärung,
→ Vorrang des Geschäfts vor der Familie,

Johann Buddenbrook jr. („Jean“)

→ ausgeprägte Religiosität,
→ Ernsthaftigkeit und Pflichtbewusstsein,
→ leidet unter dem Scheitern der Ehe Tonys,

Thomas Buddenbrook („Tom“)

→ ausgewogen, vernünftig, realistisch,
→ früher Eintritt ins Geschäft,
→ ehrgeizig,
→ resignativ veranlagt,

Antonie Buddenbrook („Tony“)

→ stolz, standesbewusst,
→ kindlich, naiv,
→ widerstandsfähig,

Christian Buddenbrook („Krischan“)
→ hypochondrisch veranlagt,
→ nicht geschäftsfähig,
→ Hang zur Halbwelt,
→ antibürgerlich

Johann Buddenbrook („Hanno“)
→ entwicklungsverzögert,
→ kränklich,
→ empfindsam und introvertiert,
→ künstlerisch begabt.

Stammbaum der Familie Buddenbrook[9]

VORFAHREN AUS DER ZEIT VOR DER ROMANHANDLUNG
(vgl. 55 f.):

Buddenbrook aus Parchim (Ende des 16. Jahrhunderts)

↓

Buddenbrook (Ratsherr in Grabau)

↓

Buddenbrook (Gewandschneider in Rostock) mit vielen Kindern
(Ein Gewandschneider ist kein Schneider, sondern ein Tuchhändler.)

↓

Johann Buddenbrook (Kaufmann in Rostock)

↓

Schließlich „am Ende und nach manchem Jahr“ (56):

↓

Johann Buddenbrook (Gründer der Firma in Lübeck, Verfasser der „Geschäftsmaxime“; 56)

---

9 In Anlehnung an Rüdiger Bernhardt: *Deutsch-Abitur Nordrhein-Westfalen 2012 (Leistungskurs). Inhaltlicher Schwerpunkt: Epochenumbruch 19./20. Jahrhundert. unter besonderer Berücksichtigung der Entwicklung epischer Texte: Mann: ‚Buddenbrooks‘, Schnitzler: ‚Leutnant Gustl‘.* Hollfeld: Bange, 2010, S. 47

MITGLIEDER DER FAMILIE IN DER ROMANHANDLUNG:

1. Ehe: Josephine (gest. 1796) — **Johann Buddenbrook** (1765–1842) — 2. Ehe: Antoinette Duchamps (gest. 1842)

- Gotthold (1796–1856) & Mamsell Stüwing (gest. 1875)
  - Friederike (geb. 1822)
  - Henriette (geb. 1823)
  - Pfiffi (geb. 1824)
- **Johann (Jean) Buddenbrook** (1800–1855) & Elisabeth (Bethsy) Kröger (1803–1871)
  - **Thomas Buddenbrook** (1826–1875) & Gerda Arnoldsen (geb. 1829)
    - **Johann (Hanno) Buddenbrook** (1861–1877)
  - **Antonie (Tony)** (geb. 1827) & Bendix Grünlich (1. Ehe); geschieden & Alois Permaneder (2. Ehe); geschieden
    - Erika Grünlich (geb. 1846) & Hugo Weinschenk
      - Elisabeth Weinschenk (geb. 1868)
  - **Christian** (geb. 1828)
  - Clara (1838–1864) & Sievert Tiburtius

Johann Buddenbrook sr.

Beginnender Aufschwung des Handelshauses

Johann Buddenbrook sr., mit dessen Worten der Roman eröffnet wird, ist der älteste Vertreter der Familie. Als zweiter Inhaber führt er das 1768 von seinem Vater gegründete Handelshaus. Im Zuge der Befreiungskriege gegen Napoleon 1813 kommt er als „Heereslieferant für Preußen" zu einem gewissen Reichtum.

Nachdem seine erste Frau Josephine bei der Geburt des ersten Sohnes, Gotthold, früh verstorben war, ist Johann Buddenbrook sr. in zweiter Ehe verheiratet mit Antoinette, geb. Duchamps. Aus dieser Ehe stammt sein zweiter Sohn, Johann. Er nennt ihn „Jean", entsprechend seiner Angewohnheit, eine Mischung aus Französisch, Hochdeutsch und Plattdeutsch zu sprechen. Der Gebrauch des Französischen weist ihn als einen aufgeklärten Mann aus, der „nicht alles für verurteilenswürdig (hielt), was außerhalb der Tore seiner giebeligen Vaterstadt lag" (12). Darin unterscheidet er sich von den meisten Lübecker Kaufleuten seiner Zeit.

Aufgeklärter, weltmännischer Charakter

Zu seinem aufgeklärten Charakter gehört eine skeptische Einstellung gegenüber Kirche und Religion (8 f.), die er als reine Äußerlichkeiten betrachtet, und über die er sich wiederholt lustig macht; Religion ist für ihn lediglich Konvention. Das unterscheidet ihn deutlich von seinem Sohn Johann. In der Familie hält er auf eine gewisse Ordnung; so kommt die Familie regelmäßig zusammen (11).

Vorrang des Geschäfts vor der Familie

Trotz seiner Weitsicht und Aufgeklärtheit ist Johann Buddenbrook sr. in privaten Angelegenheiten unnachgiebig. So hat er sich mit seinem ersten Sohn Gotthold überworfen, da er diesem den Tod seiner ersten Frau nicht verzeihen kann; Gotthold ist zudem eine Mesalliance eingegangen. Ein Prinzip des alten Buddenbrook ist also, dass sich das Privatleben dem Geschäft unterzuordnen hat. Interessant ist dabei, dass er selbst sich nicht ausschließlich daran gehalten hat, denn die Ehe mit seiner ersten Frau, Josephine, wird ausdrücklich als Liebesheirat bezeichnet (54). Dagegen ist die zweite Ehe eher eine Zweckehe, die gleichwohl als gelungen angesehen werden kann und 46 Jahre hält (70).

„Klassischer" Sterbeprozess

Nachdem seine Frau Antoinette 1841 erkrankt und im Januar des darauffolgenden Jahres stirbt, zieht sich der alte Buddenbrook aus dem Geschäft zurück, um ihr nur wenige Wochen später zu folgen. Sein Sterben ereignet sich so, wie man ihn im Roman kennengelernt hat: im Kreis der Familie. Bevor er stirbt, kann er, quasi als „Vermächtnis", dem Sohn und den Enkelsöhnen noch einen Ratschlag geben (71). Auf seine Weise verkörpert der alte Buddenbrook die Übereinstimmung von patriarchalischer Tradition und aufgeklärter Selbstbestimmung.

Konsul Johann („Jean") Buddenbrook

Johann ist der zweite Sohn Johann Buddenbrooks d. Ä. und dessen einziger Sohn aus seiner Ehe mit Antoinette Duchamps. Von seinen Eltern wird er aufgrund der Vorliebe für das Französische und der Herkunft der Mutter „Jean" gerufen. Aufgrund der tiefen Zerrüttung zwischen dem Vater und seinem ersten Sohn Gotthold ist Jean von Anfang an zum einzigen Erben des Geschäfts bestimmt.

Standesgemäße Heirat, vier Kinder

Bei Beginn der Romanhandlung hat er aus seiner Ehe mit Elisabeth, geb. Kröger („Bethsy") drei Kinder: Antonie („Tony"), Thomas und Christian. Später wird noch die Tochter Clara geboren.

Jean Buddenbrook ist stark um familiäre Harmonie bemüht, gerät dabei jedoch immer in Konflikt mit den Interessen der Firma. So möchte er gern den Ausgleich mit seinem Halbbruder Gotthold (19), in letzter Instanz haben die Interessen der Firma jedoch Vorrang.

Religiosität

Wesentliche Charakterzüge sind von Beginn an die starke Religiosität und eine damit verbundene Ernsthaftigkeit des Konsuls. Abschätzige Bemerkungen seines Vaters über die Religion oder die allgemeine Bewunderung für Napoleon kann Jean Buddenbrook nicht teilen (27). Neben dem Zeitgeist ist eine Quelle für diese Religiosität in seiner wunderbaren Genesung von den Pocken und den Folgen eines schweren Unfalls sowie in seiner Rettung aus einer Wassergefahr (52 ff.) zu suchen.

Seine Heirat mit Elisabeth Kröger „war ... nicht gerade das gewesen, was man eine Liebesheirat nennt" (54) – auch hier fügt sich Johann Buddenbrook widerstandslos den Interessen des Geschäfts.

Geschäft als Pflicht und Belastung

Das Geschäft führt er pflichtgemäß, doch wird es ihm auch zur Belastung: Er arbeitet mit einem „stillen und zähen Fleiß, ... mit zusammengebissenen Zähnen ... und (schreibt) manches Gebet um Beistand in sein Tagebuch" (75). Schon früh zeigen sich Anzeichen der Erschöpfung: „Johann Buddenbrook, der sich allgemach der Mitte der Vierziger näherte, hatte in den letzten Jahren ersichtlich gealtert." (ebd.)

Geschäfts- und Standesinteressen, sicherlich aber auch die christliche Gesinnung sind es, die ihn massiv Einfluss auf die Verheiratung seiner Tochter Tony nehmen lassen. Das Werben des vorgeblichen ‚christlichen Geschäftsmannes' Bendix Grünlich, der obendrein noch der Sohn eines Hamburger Pfarrers ist, stößt bei den Eltern ganz im Gegensatz zu ihrer Tochter auf ausgesprochenes Wohlwollen. Johann Buddenbrooks Tragik besteht darin, dass er vermutlich aus bestem Gewissen so handelt – er hat sich schließlich selbst immer dementsprechend verhalten –, dabei jedoch aufs Ärgste hintergangen wird.

Fatale Fehlentscheidung bei Tonys erster Ehe

Nachdem Tonys Ehe gescheitert ist, zeigt Johann Buddenbrook aufrichtige Reue, ist sich aber selbst keiner Schuld bewusst (216). Das Gefühl der Reue und Verbitterung steigt noch, als er erkennt, in welchem Maße man ihn planvoll von Beginn an hintergangen hat (227 f.). Zwar zeigt er sich nunmehr hart und konsequent und ist nicht bereit, Grünlich weiter zu unterstützen, jedoch hat das

Desaster von Tonys erster Ehe und die Rolle, die er als Vater dabei gespielt hat, einen innerlich gebrochenen Mann aus ihm gemacht. Sein Gesundheitszustand verschlechtert sich, Kurreisen werden nötig. Schließlich stirbt er 1855 während eines schwülen, gewittrigen Wetters allein in seinem Zimmer, während die Familie im Landschaftszimmer auf ihn wartet (248).

Thomas Buddenbrook („Tom")

Von Anfang an stehen zwei Konstanten in Thomas' Werdegang fest: Seine Bestimmung zum Kaufmann und der Gegensatz zu seinem Bruder Christian. Beide Aspekte werden sich zum Ende des Buches hin auf eine merkwürdige Art in ihr Gegenteil verkehren: Thomas ist, was seine Berufung zum Kaufmann betrifft, von Selbstzweifeln zerfressen, und im Inneren seines Wesens nähert er sich Christian stärker an, als er es wahrhaben möchte.

Vorherbestimmung zum Geschäftsmann

Thomas, geboren 1826, ist das älteste Kind von Konsul Johann Buddenbrook. So ist Tom schon genealogisch zur Übernahme der Firma prädestiniert, und Veranlagung und Verhalten scheinen dieses zu bestätigen: „Augenscheinlich waren auf Thomas Buddenbrook größere Hoffnungen zu setzen ..." (67).

Beeinflusst Tony bei ihrer Heirat

Tom ist von ausgewogenem, vernünftigem Benehmen und verlebt eine harmonische, nicht weiter auffällige Kindheit und Jugend. Äußerlich weist er Ähnlichkeit mit seinem Großvater auf (74), was wiederum auf eine größere Nähe zum Geschäft hindeutet. Gleich nach Abschluss der Schule tritt er mit 16 Jahren in das Geschäft ein, dem er sich „mit Hingebung" (75) widmet und alsbald voll in der Arbeit aufgeht (92). Schon früh, noch zu Lebzeiten seines Vaters, fühlt er sich für die Familienehre verantwortlich und nimmt diesbezüglich auch Einfluss auf seine Schwester Tony (117). Von seiner Veranlagung her ist er Realist, schlägt darin tatsächlich eher seinem Großvater als seinen Eltern nach. Genau dieser Realismus stürzt ihn allerdings in ähnliche Konflikte wie seinen Vater: Auch er findet zwar wie seine Schwester Bendix Grünlich lächerlich (121), doch rät er Tony aus Familien- und Geschäftssinn dringend zu der Heirat und spielt insofern eine aktive Rolle, als er Tony schließlich aus Travemünde von Schwarzkopfs abholt und nach Lübeck zurückbringt.

Geschäft vor Liebe

Seine eigenen privaten Beziehungen ist er bemüht, sachlich zu regeln. So beendet er eine Affäre mit der Blumenverkäuferin und späteren Ladeninhaberin Anna Iwersen, bevor er nach Amsterdam und somit „ins Leben" geht. Dabei wirkt er allerdings auch verlogen, wenn er Anna mit Nachdruck sagt: „Aber wirf dich nicht weg, hörst du, Anna? ... Denn bis jetzt hast du dich *nicht* weggeworfen, das sage ich dir!" (167). Dass er Anna in diesem Moment „wegwirft", denn er hat am Beispiel seines Onkels Gotthold gelernt, was es bedeutet, eine Mesalliance einzugehen, übergeht er; dass er sich später in seiner Ehe mit Gerda Arnoldsen selbst „wegwerfen" wird, und dass schließlich Anna an seinem Totenbett stehen wird, ist Ironie des Schicksals.

Was nicht so recht zu Thomas' Charakter passt, ihn aber als etwas Besonders, als abgehoben vom Durchschnitt darstellt, ist seine „Liebhaberei für gewisse moderne Schriftsteller satirischen und polemischen Charakters" (235), namentlich Heinrich Heine (294).

Bringt Gerda als Frau aus Amsterdam heim

In Amsterdam erweist er sich als ein äußerst erfolgreicher Geschäftsmann (172) und kann von dort auch Gerda Arnoldsen, eine frühere Internats-Mitschülerin Tonys, als Frau nach Lübeck bringen. Es ist nicht nur, wie bisher bei den Buddenbrooks vorherrschend, eine standesgemäße und Zweckehe, sondern nach Toms Bekunden eine Liebesheirat.

Thomas' Verhältnis zur Familientradition ist zwiespältig: Einerseits empfindet er sie, besonders was das Berufliche betrifft, als Belastung – andererseits verzichtet er nach dem Tod des Vaters zugunsten seines Onkels Gotthold auf das Konsulat und macht sich so um den Familienfrieden verdient. Nachdem Jean Buddenbrook gestorben ist, übernimmt Thomas das Geschäft, erhält aber nach testamentarischer Verfügung den Prokuristen Marcus als Teilhaber zur Seite. Dieses recht ungleiche Paar – Thomas forsch und entschlossen, Marcus eher zögerlich – erweist sich zunächst als durchaus erfolgreich, auch wenn Thomas Unzufriedenheit, Ungeduld und Ehrgeiz in den geschäftlichen Angelegenheiten erkennen lässt (255 f.).

Widersprüchlichkeit

Nach außen hin neigt Thomas Buddenbrook nicht zur Selbstbeobachtung, und es ist dieser Hang, den er auch an seinem Bruder Christian stark kritisiert. Dazu im Kontrast aber steht die Sorgfalt, die er auf seine äußere Erscheinung anwendet (234 f.), was im Verlaufe der Handlung manische Züge anzunehmen scheint. Und auch der Hang zur Selbstbeobachtung ist ihm innerlich nicht fremd: „Thomas, durch Krankheit daran gewöhnt, die Kundgebungen seiner Nerven zu beobachten ...“ (247); dieser Hang, nur scheinbar durch Selbstdisziplinierung gebändigt, wird später weiter zunehmen bis hin zu einem absurden Streit zwischen den Brüdern, wer denn nun der Krankere von beiden sei (578).

Fassadenhafte Existenz

Nachdem er nach dem Tode Gottholds das Konsulat übernommen hat und die Ehe mit Gerda eingegangen ist, zeigt sich eine „beginnende Neigung zum Superfeinen und Aristokratischen“ (294), sein Auftreten bekommt etwas Maskenhaftes, das über reine Repräsentationsaufgaben hinausgeht. In diesem Zusammenhang steht auch sein Bestreben, das Senatorenamt zu übernehmen. Zwar zeigt sich Thomas einerseits als politisch weitsichtiger und tatkräftiger Charakter (358 ff.), doch spürt er auch zum Zeitpunkt seiner Senatorenwahl, „kaum 37 Jahre alt, ganz einfach ein Nachlassen seiner Spannkraft, eine raschere Abnützbarkeit“ (419). Zwischen seiner äußeren Erscheinung und öffentlichen Rolle ei-

Beginnende Erschöpfung mit 37!

nerseits und seiner tatsächlichen Verfassung andererseits besteht eine Diskrepanz, die im Laufe der Handlung weiter zunimmt.

Repräsentationsbau

So lässt er sich wider besseres Wissen zu Repräsentationszwecken ein prachtvolles und überdimensioniertes Haus an der Fischergrube errichten, doch zeigen sich ungefähr zur gleichen Zeit erste Zeichen mangelnden Selbstvertrauens (430 f.). Er erkennt den äußerlichen Charakter des Titels und des Hauses, findet aber keinen Weg, den Widerspruch zwischen äußeren Anzeichen und tatsächlicher Lage zu überbrücken.

Beziehung Vater – Sohn

Problematisch entwickelt sich die Beziehung zu seinem Sohn Hanno. Setzt Thomas zunächst viele, zu viele Erwartungen in ihn – möglicherweise all die Erwartungen, die er selbst nicht erfüllen konnte – zeigt sich sehr bald, dass Hanno diese nicht erfüllen kann. Er entfremdet sich seinem Sohn zunehmend, empfindet schließlich das eigene Leben als „mittelmäßig und niedrig“ (610) und kultiviert sein schauspielerhaftes Dasein, das selbst sein kleiner Sohn durchschaut (627). Von Gerda wahrscheinlich mit dem Offizier von Throta betrogen und in der Öffentlichkeit nun ein wenig lächerlich wirkend, gerät Thomas in noch tiefere Depressionen. Eigentlich ein rationaler Mensch, der den religiösen Neigungen seiner Eltern immer sehr skeptisch gegenüberstand, beginnt er mit metaphysischer Wahrheitssuche. Dabei entdeckt er die Philosophie Schopenhauers, die ihm für einen kurzen, rauschhaften Moment die Möglichkeit von Auflösung und Erlösung vorstellt. Indem er den illusionären Charakter der ihn umgebenden Welt zu erkennen glaubt, denkt er zum eigenen, authentischen Leben zu gelangen. In Wahrheit, man betrachte seine schauspielerhafte, maskenhafte Erscheinung, scheint es sich eher umgekehrt zu verhalten. Letztlich bleibt der Ausflug in die Metaphysik nur ein kurzes, rauschhaftes Erlebnis ohne weitere Folgen.

Scheitern der Ehe

Zunehmende Depression

Philosophische Sinnsuche

Gesundheitlich zunehmend angegriffen, unternimmt er, seltsam vereint mit Christian, eine letzte Reise nach Travemünde. Dort verbringen sie verregnete Tage und sind gemeinsam mit einigen weiteren Angehörigen der Lübecker Gesellschaft damit beschäftigt, den Zustand der Welt im Allgemeinen und sich selbst zu beklagen. Von Thomas' Tatkraft ist nichts geblieben.

Banaler, grausamer Tod

Wieder in Lübeck, muss er eine Senatssitzung mit starken Zahnschmerzen verlassen. Nach einer offenkundig missglückten Behandlung bricht er auf offener Straße zusammen, liegt noch einige Stunden zu Hause im Koma und stirbt, betrauert eigentlich nur von seiner Schwester Tony, in seinem 49. Lebensjahr.

Antonie Buddenbrook („Tony"), gesch. Grünlich, gesch. Permaneder

> „Der Konsul … verspürte … einen Unterton von beinahe drolligem Stolz, und er wusste, dass Tony Buddenbrook als Madame Grünlich sowohl wie als Madame Permaneder immer ein Kind blieb, dass sie alle ihre sehr erwachsenen Erlebnisse fast ungläubig, dann aber mit kindlichem Ernst, kindlicher Wichtigkeit und – vor Allem – kindlicher Widerstandsfähigkeit erlebte." (369)

Zu dem Zeitpunkt, an dem Tom zu dieser Einschätzung kommt, hat seine Schwester Antonie, stets „Tony" genannt, bereits viel hinter sich: eine unglückliche, gegen ihren Willen beendete Liebe, eine gescheiterte, geschiedene Ehe, aus der ihr ein Kind, Erika, bleibt, die nicht ganz glückliche Wiederverheiratung sowie den Verlust eines Kindes bei der Geburt; die zweite Scheidung steht ihr unmittelbar bevor.

Robust, widerstandsfähig

Im Buch ist sie die einzige Figur, die von Anfang bis Ende dabei ist. Dank ihres oben beschriebenen Wesens übersteht sie die verschiedenen Schicksalsschläge.

Tonys Charakter offenbart eine eigentümliche Mischung aus „Gemeinsinn und Nächstenliebe" (63) und aus einem „argen Hang zu Hoffart und Eitelkeit" (87), weshalb sie schließlich auch als Schulkind ins Pensionat der Sesemi Weichbrodt geschickt wird. Ihre Zukunftsträume sind vermutlich nicht ungewöhnlich für ein junges Mädchen ihrer Zeit, sie möchte heiraten und sich gut einrichten, doch hat sie wie selbstverständlich das Interesse der Firma im Kopf, wenn sie sich fest vornimmt, einen Kaufmann zu heiraten. Ihr Leben verläuft allerdings etwas anders als geplant: Ihre große Liebe – zu einem jungen Medizinstudenten – bleibt unerfüllt, dafür scheitern zwei Ehen, die sie mit Kaufleuten eingeht.

Wird von der Familie gegen ihren Willen verheiratet

Ihre erste Ehe mit Bendix Grünlich, einem Hamburger Pfarrerssohn und Kaufmann, geht sie vor allem auf großen Druck ihrer Familie ein. Intuitiv erkennt sie Grünlichs aufgesetztes, eitles Wesen (98), behandelt ihn selbstbewusst und spöttisch-herablassend (99), durchlebt aber gleichwohl einen inneren Widerstreit, denn „die Wichtigkeit ihrer Stellung fing an, sie mit Wohlgefallen zu erfüllen" (104). Zur Erholung nach Travemünde zur Familie des Lotsenkommandeurs Schwarzkopf geschickt, verliebt sie sich in dessen Sohn Morten, einen Medizinstudenten und Verfechter demokratischer Ideen. Auch wenn sie seine Ideale kaum teilen dürfte, bewundert sie ihn in naiver Art und Weise (137), und schließlich verloben sich die beiden heimlich.

Doch Tony kann dem Druck der Familie und der Penetranz Grünlichs nicht standhalten; entscheidendes Motiv für die Verbindung ist aber Gehorsam: „Mein guter Papa! ... Bist du zufrieden mit mir?" (164), fragt sie nach der Hochzeit. Ihre Ehe mit Grünlich verläuft vordergründig zufriedenstellend, wobei aber eine gewisse

Distanz und auffällige Zurückgezogenheit der Eheleute von Beginn an auffällt. Tony beginnt zu kränkeln, was psychosomatische Ursachen haben könnte (171), und bringt eine Tochter zur Welt, Erika. In der Ehe kommen zunehmend Zwistigkeiten auf, was mit der fehlenden Liebe Grünlichs, der Tony aus rein ökonomischen Gründen geheiratet hat, und mit der Unvereinbarkeit von Tonys Ansprüchen und Grünlichs Möglichkeiten zusammenhängt (198 f.). Bezeichnend ist Tonys Reaktion auf das Desaster ihrer ersten Ehe: Mehr als unter allem privaten Scheitern leidet sie an der Tatsache, mit einem Bankrotteur verheiratet gewesen zu sein (214). In ihrem Verhalten zeigt sie wieder jene eigentümliche Mischung aus Naivität und Eitelkeit: Im Elternhaus „gefiel (sie) sich bald in ihrer Rolle als eine von unverschuldetem Unglück heimgesuchte Frau" (231).

Zweite Ehe

Schon bald sinnt sie auf eine neue Partie, und in München lernt sie den Hopfenkaufmann Alois Permaneder kennen. Dieser, ein leutseliger Vollblut-Bayer, hält tatsächlich um ihre Hand an, und nach einigem Schwanken werden die Verlobung und die Hochzeit ohne großes Aufhebens gefeiert. Die wesentlichen Motive für die Heirat sind die Wiedergutmachung des Scheiterns der ersten Ehe (341) und Tonys Wunsch nach Bedeutung (342).

Tragik

Auch die Ehe mit Permaneder scheitert. Tony leidet darunter, in München fremd und zur Bedeutungslosigkeit verurteilt zu sein, und erträgt es nur schwer, dass Permaneder sein Geschäft verkauft, um zu „privatisieren". Ein Kind stirbt bei der Geburt. Als Permaneder Tony auch noch beschimpft, nachdem sie ihn dabei erwischt hat, wie er sich nachts betrunken an der Köchin vergreifen wollte, ist für sie das Maß voll und sie kehrt in ihr Elternhaus zurück. Versuchen Toms und der Konsulin, sie zu beschwichtigen, widersteht Tony; sie beantragt die Scheidung.

Tonys „dritte Ehe"

Tonys Ehrgeiz konzentriert sich jetzt wieder auf den Ruhm der Familie; Stolz erfüllt sie angesichts der Wahl Thomas' zum Senator. Die – bereits nicht mehr ganz standesgemäße – Heirat ihrer Tochter Erika mit dem Versicherungsdirektor Weinschenk gibt Tony noch einmal das Gefühl von Bedeutung. Doch auch diese Ehe scheitert, und nach dem Verkauf des Hauses in der Mengstraße, auf den sie mit einem kindlichen Weinen reagiert (609), ziehen Tony und Erika in eine Wohnung vor der Stadt.

Gealtert und doch ihrem Wesen treu geblieben, besucht sie ihre Brüder auf der Fahrt nach Travemünde, dem Abgesang auf bessere Zeiten. Sie schwelgt in glücklichen Erinnerungen an Morten Schwarzkopf und ist ironischerweise die Glücklichste der drei Geschwister: „Dieses glückliche Geschöpf hatte, so lange sie auf Erden wandelte, nichts, nicht das Geringste hinunterzuschlucken und stumm zu verwinden gebraucht" (670) – damit steht sie in einem deutlichen Kontrast zu beiden Brüdern.

Tony als die eigentlich Glückliche

Nachdem mit Hanno der letzte männliche Buddenbrook gestorben ist, bleibt sie mit ihrer Tochter, den Kusinen, Klothilde und ihrer alten Lehrerin Sesemi Weichbrodt zurück. Angesichts des vollkommenen Niedergangs der Familie erscheint sie zum ersten Mal wirklich verzweifelt (758) – und gibt doch die Hoffnung auf ein Wiedersehen nicht auf.

So wird Tony, darin ihrem Bruder Thomas nicht unähnlich, ein Opfer des Zwangs, die Erwartungen und Anforderungen der Familie zu erfüllen. Als Frau hat sie es vermutlich noch schwerer, ihre eigenen Ansprüche und Wünsche durchzusetzen, wie man am Zustandekommen der Ehe mit Grünlich sehen kann. Ihre Wesensart mit einer Mischung aus Familienstolz und kindlicher Naivität bewahrt sie allerdings davor, an dem Widerspruch zwischen den Erwartungen und ihrer Lebenswirklichkeit zu zerbrechen. Sie verhindert aber auch, dass Tony eine aktive, die Handlung vorantreibende Rolle im Roman einnimmt. Somit bezeichnet sie E. Lämmert zu Recht als „Chargenfigur", auch wenn das abwertend klingt.

Christian Buddenbrook

Von Beginn an begleiten Christian Züge des Lächerlichen und des Karikaturhaften. Schon früh fällt er im Kreise der Familie durch seinen Hang zu Schauspielerei und Hypochondrie auf. Gegenüber Thomas zeigt er „nicht weniger Begabung aber weniger Ernsthaftigkeit" in der Schule (65). Es wäre also falsch, Christian als dumm oder unintelligent anzusehen.

Exzentrik

Schon als Schüler deutet sich seine Nähe zu den „Suitiers", Lebemännern, die sich in einem Klub treffen, an (80). Nach Beendigung der Schule geht er nach London, um geschäftliche Erfahrungen zu sammeln. Freilich arbeitet er wenig, sondern zeigt stattdessen eine schon daheim erkennbare Neigung zum Theater (237). Seine Sprachbegabung wird herausgestellt, doch auch diese stellt er nicht in den Dienst des Geschäfts, sondern mehr der eigenen Abenteuerlust, die ihn schließlich nach Valparaiso in Chile führt. Christian wird im wahrsten Sinne des Wortes ein „Paradiesvogel", und was ihm dieses Dasein bedeutet, zeigt sich später an seinen zahlreichen Anekdoten, die er im Kreis der Familie erzählt.

Neigung zum Theater; Nähe zu Künstlern, ohne selbst Künstler zu sein

Eine Neigung zur Hypochondrie hat Christian schon als Kind (34); sie nimmt im Laufe der Handlung zu, und es scheint, als benötige Christian diese Krankheiten, um sich und den anderen seine Existenz zu beweisen. Hinzu kommen autistische Züge: Christian wirkt auffallend oft weggetreten, in seiner eigenen Welt versunken (262, 532, 545).

Hypochondrische Züge

Während der Bruder gereizt auf ihn reagiert, fällt an Christian auf, dass er keine Gehässigkeit oder Anmaßung gegenüber Thomas an den Tag legt, „als lege er überhaupt gar keinen Wert auf Überlegenheit, Tüchtigkeit, Respektabilität und Ernst" (271). Zwar macht er sich durch sein unernstes Wesen bei den Bürgern der Stadt und seinen Freunden aus dem Klub zum Gespött (271, 313), doch vielleicht ist es gerade diese merkwürdige Form von Gleich-

Kein Wunsch nach Macht oder Kampf

mut, die den zwanghaft arbeitenden Thomas reizt und aggressiv macht.

Verbindung mit Aline Puvogel, die ihm zum endgültigen Verhängnis wird

Schließlich sorgt Thomas dafür, dass Christian aus dem Geschäft ausscheidet. In Hamburg, wo er sich in ein Geschäft einkauft, geht Christian eine Verbindung mit der Schauspielerin Aline Puvogel aus der Sehnsucht nach einem Zuhause, nach Angenommen-Sein ein (580). Zunächst erschwert ihm die Verbindung mit der Schauspielerin, die bereits zwei Kinder mit anderen Männern und ein drittes Kind angeblich von Christian hat, den Stand in der eigenen Familie. Bis zum Tode Thomas' wird die Heirat verhindert. Und als er Aline Puvogel schließlich geheiratet hat, lässt ihn diese in Zusammenarbeit mit einem Arzt alsbald in einer psychiatrischen Klinik verschwinden, aus der nicht wieder auftauchen wird.

Christian bleibt die Jahre bis zur Ehe mit Aline Puvogel unstet und lebt wechselnd in London, Hamburg und im Lübecker Elternhaus, zeitweise auch im Krankenhaus. Er zeigt Anzeichen von Verwirrung und wirkt zuweilen manisch-depressiv, zwischen Begeisterung und Niedergeschlagenheit schwankend (448 ff.).

Interessante Übereinstimmung mit Gerda

Eine aufschlussreiche Übereinstimmung zeigt er mit Gerda, die in ihm das Antibürgerliche verkörpert sieht (451), doch bringt er es im Unterschied zu ihr nicht zum Künstler, sondern eben nur zu einer Karikatur desselben. Hanno schätzt Christians Kindlichkeit, da er „nichts von diesem Erwachsenen-Hochmut (wusste)" (538). Thomas reagiert, wie er im Laufe einer heftigen Auseinandersetzung zugibt, so heftig auf Christian, „weil ich nicht werden wollte wie du ... weil dein Sein und Wesen eine Gefahr für mich ist" (580).

Ähnlichkeit der Brüder trotz immerwährender Auseinandersetzungen

So zeigt sich, dass Christian für die anderen im Grunde eine Projektionsfläche ist, positiv wie negativ verstanden. Jeder sieht in Christian einen Teil von sich selbst, und dass sich Thomas und Christian bei aller äußerlichen Verschiedenheit ähnlicher sind, als es den Anschein hat, zeigt sich am Schluss.

Als Thomas aus gesundheitlichen Gründen nach Travemünde reist, begleitet ihn Christian unwidersprochen. Zwar herrscht zwischen den beiden zunächst keine Kommunikation, aber im Klagen über den Gang der Zeiten bewegen sie sich schließlich auf einer Ebene, und wenn Christian in etwas kindlichem Tone äußert „Ich mag gar nicht mehr auf der Welt sein“ (669), dann spricht er aus, was Thomas denkt und empfindet. Im äußeren Charakter verschieden, zeigt der Travemünder Abgesang die Brüder seltsam vereint.

Christian Buddenbrooks Tragik besteht darin, dass er sich den Anforderungen der Familie und des Geschäfts verweigert, ohne dass er dem etwas Eigenständiges entgegensetzen kann. So wird er zur Projektionsfläche und zum Objekt der anderen, bis er die Möglichkeit zu eigenem Handeln ganz und gar verloren hat.

Hanno Buddenbrook

Johann Buddenbrook, genannt Hanno, wird 1861 geboren und bleibt einziges Kind von Thomas Buddenbrook und seiner Frau Gerda. Er überlebt seinen Vater nur um zwei Jahre und stirbt 16-jährig, ohne die in ihn gesetzten Hoffnungen erfüllen zu können.

Erwartungsdruck

Von Beginn an wird Hanno mit Erwartungen, besonders seines Vaters, überfrachtet (396). Dabei deuten die Komplikationen, die es bereits bei seiner Geburt gibt, an, dass seine Lebensfähigkeit eingeschränkt ist.

Entwicklungsverzögerung

Seine Entwicklung vollzieht sich auffallend verzögert; Hanno lernt nur langsam gehen und sprechen, er hat also Schwierigkeiten dabei, auf eigenen Beinen zu stehen und sich mitzuteilen. Diese Probleme werden ihn in seinem weiteren Leben begleiten.

Kränklichkeit

Hanno macht von Beginn an einen kränklichen Eindruck; das Zahnen ist für ihn mit Krämpfen verbunden und führt zu einem Zustand tiefer Erschöpfung. Seine Konstitution mag ein Grund dafür sein, dass er als Kind von der ganzen Familie umsorgt und verzärtelt wird (423 f.). Er zeigt wenig Begabung und Interesse für das Kaufmännische, ist dafür aber in um so stärkerem Maße fantasiebegabt. Schon als Kind erlebt er intensive Angstzustände, und seine Reaktion auf die mystisch anmutenden Gedichte aus *Des Knaben Wunderhorn* sind von Melancholie, Traurigkeit und übersteigerter Einbildungskraft gekennzeichnet (463).

Fantasiebegabt

Auf Prüfungen oder öffentliche Anforderungen jeder Art reagiert er mit Weinen und zeigt somit eine Ausweich- und Verweigerungsreaktion (484). Selbstbewusstsein scheint ihm fremd zu sein.

Verweigerungshaltung

Hinsichtlich seiner Begabung schlägt Hanno der Mutter nach. Er begeistert sich für Musik; mit sieben Jahren unternimmt er erste eigene Versuche auf dem Klavier, wobei es ihn immer wieder dazu zieht, zu fantasieren (502). Kreativität erscheint als Möglichkeit der Selbstmitteilung, als Kommunikations-Ersatz. Zugleich bietet ihm die Musik die Gelegenheit, sich über die „Normalbürger", deren Erwartungen im Alltag er nicht entspricht, überlegen und erhaben zu fühlen.

Musikalität

An seinem achten Geburtstag bringt er eine erste kleine Eigenkomposition auf dem Klavier zum Vortrag, eine Fantasie, die für ihn einen gleichsam erotischen Charakter gewinnt und ihn vollkommen von seinen Zuhörern isoliert. Die Musik wird zum trennenden Faktor zwischen Vater und Sohn, aber auch zum Mittel für Hanno, die ungeliebte Schule zu kompensieren.

Hanno wirkt stets auf eine merkwürdige Weise unkindlich; er erscheint altklug (514), als Außenseiter, findet Freundschaft lediglich mit Kai Graf Mölln, einem anderen Außenseiter in der Schule. Diese Freundschaft trägt z. T. homoerotische Züge (518).

Freundschaft zu Kai Graf Mölln

Seine Fremdartigkeit spiegelt sich auch in seiner Reaktion auf Medizin wider: Während er den Lebertran ablehnt, zeigt er eine positive Reaktion auf Arsen-Tabletten, „diese kleinen, süßen, be-

Lebensabgewandtheit, Todesnähe

glückenden Pillen“ (622). Wiederum sind hier Lebensabgewandtheit und Todesnähe angedeutet.

Dem Vater entfremdet sich Hanno zunehmend. Versuche, Hanno zu Leistungen anzuspornen, scheitern regelmäßig. Die Fremdheit zwischen Vater und Sohn wird greifbar, als Hanno es nicht fertigbringt, der Tradition entsprechend zum Weihnachtsessen auf das Wohl der Familie mit seinem Vater anzustoßen (546). Thomas' Wunsch, ihn in die Welt des Handels einzuführen, ist zum Scheitern verurteilt.

Sympathie mit dem Vater dort, wo es nicht um Leistung geht

Nur an einigen wenigen Punkten finden Vater und Sohn zueinander. Als Thomas durch die vermutliche Affäre Gerdas mit dem Leutnant von Throta in tiefe Depressionen gestürzt wird, „schlug der kleine Johann seine goldbraunen Augen auf und richtete sie so groß, klar und liebevoll wie noch niemals auf seines Vaters Gesicht“, und es zeigt sich, „dass Thomas Buddenbrook, wie hier, so überall, wo es sich nicht um Energie, Tüchtigkeit und helläugige Frische, sondern um Furcht und Leiden handelte, des Vertrauens und der Hingabe seines Sohnes gewiss sein konnte“ (650). Ähnlich ist es, als Thomas, von Travemünde zurückgekehrt, sein Testament macht.

Dennoch bleibt es bei einem zwiespältigen Verhältnis zum Vater, das sich auch bei Hannos Reaktion auf seinen Tod zeigt: Er „neigte den Kopf mit einer empfindlichen Grimasse schräg rückwärts gegen den Wind“ (693).

Außenseitertum

Hannos Neigung, sich grüblerisch und nach innen gekehrt zu verhalten, verstärkt sich. Damit stößt er innerhalb der Schule sowohl gegenüber den Mitschülern als auch gegenüber den Lehrern auf Schwierigkeiten; entsprechend ist ihm die Schule verhasst. Deutlich wird das an der ausgiebigen Schilderung eines Schultages (706–746). Hanno als (über-)sensibler Junge durchschaut das Wesen der Schule genau, sowohl was das Äußerliche des Lernstoffs als auch was die falsche Kumpanei der Mitschüler und den Gruppendruck betrifft. Er ist vom Lernstoff gelangweilt und schafft, sich mit Mogeleien über Wasser zu halten; eigentlich möchte er nur nicht auffallen. Statt Widerstand zu zeigen, neigt er zu Schwäche, Müdigkeit, Resignation und zum Wunsch zu sterben (743).

Hannos Tod aus Mangel an Lebensfähigkeit und Lebenswillen

Letztlich ist auch seine Neigung zur Musik suchtartig und zerstörerisch, was Hanno auch bewusst ist (744). Doch gibt er sich einer zweiten Klavier-Fantasie hin, die letztlich aber keine anregende, sondern eine erschöpfende Wirkung hat (751).

Hanno stirbt am Typhus, wobei die betont nüchterne Erzählweise – der Tod wird in eine medizinisch-sachliche Beschreibung des Krankheitsverlaufs verkleidet – auffällt. Sie lässt schließlich auch auf eine gewisse Distanz des Erzählers zu Hanno schließen. Letztlich ist nicht die Krankheit die Ursache für den frühen Tod des Jungen, sondern mangelnder Lebenswille (754). Mit Hannos Tod kommt die männliche Linie der Familie Buddenbrook ans Ende, denn Christian wird nicht mehr aus der Anstalt entlassen; zurück bleiben die Frauen: Seine Mutter Gerda, die nach Amsterdam zurückkehrt, Tony, ihre Tochter Erika, die drei Töchter Gottholds, Klothilde und Sesemi Weichbrodt.

3.5 Sachliche und sprachliche Erläuterungen

Erster Teil

S. 12	**Excusez, mon cher! ... Mais c'est une folie!**	Entschuldigen Sie, mein Lieber! .... Aber das ist eine Narrheit!
S. 13	**raisonable**	vernünftig, billig
	chassé croisé	sinngemäß „in einem Bündnis über Kreuz"
S. 23	**seines Associés**	seines Teilhabers
S. 28	**Philipp Egalité**	sinngemäß Philipp, der Gleichmacher; König der Franzosen von 1830–1848; sympathisierte mit der Revolution; dankte nach der Februarrevolution am 24. 2. 1848 ab
S. 34	**Venus Anadyomène**	Venus, dem Wasser entsteigend, Anspielung auf eine griechische Darstellung aus dem 4. Jh. v. Chr.
	Indigestion	Verdauungsstörung
S. 39	**Zollverein ... dieser Preußenerfindung**	Vereinigung deutscher Staaten, die sich seit 1819 im Anschluss an Preußen bildete und die Beseitigung der Binnenzölle und Verteilung der Einnahmen unter die Vereinsstaaten nach deren Einwohnerzahl bezweckte
	Propregeschäft	Handel auf eigene Rechnung, etwa im Gegensatz zum Kommissionshandel
	Einklarierung auf Bürgereid	Erledigung der Zollanforderungen bei der Einfahrt des Schiffes durch eine eidliche Erklärung
S. 40	**Pompadour**	Mätresse Ludwigs XV., eigentl. Jeanne Antoinette Poisson (1721–1764)
S. 42	**konveniert**	stellt zufrieden
	Dominus providebit	(lat.): Der Herr wird vorsorgen.

S. 43	**ennuyieren**	belästigen, langweilen
	conduite	Führung
S. 44	**ästimieren**	schätzen, würdigen
	kontentiert	befriedigt
S. 46	**N'en parlons plus**	Es gibt nichts mehr zu reden.
	Sottisen	Dummheiten, Grobheiten, Flegeleien
	faux-frais	wörtl. ‚falsche Kosten', dem Sinne nach unnötige Ausgaben, überflüssige Kosten
S. 47	**Mesalliance**	Missheirat, unstandesgemäße Ehe
	Mon très cher fils	Mein sehr lieber Sohn

Zweiter Teil

S. 51	**Complaisancen**	Gefälligkeiten
S. 53	**Schute**	Leichter; kleinere Wasserfahrzeuge mit geringerem Tiefgang, die beim Entladen von Schiffen eingesetzt werden.
S. 55	**„L'année la plus heureuse de ma vie"**	das glücklichste Jahr meines Lebens
S. 60	**Strohschute**	ein schutenförmiger Strohhut, der von Frauen auf dem Lande getragen wurde
S. 69	**Beeftea**	Fleischtee; sehr konzentrierte, aus kleingeschnittenem Rindfleisch hergestellte Fleischbrühe
S. 71	**Activis und Passivis**	Kaufmannssprache; Forderungen und Verbindlichkeiten
S. 74	**er begann schon, zu liquidieren**	die Aufgabe des Geschäftes war schon im Gange
S. 76	**Kommissionen und dergleichen**	Auftrag zur Besorgung eines Geschäfts; hier: Besorgungen

S. 77	**Salairs**	Plural von Besoldung, Lohn
S. 79	**Handbillet**	ein Briefchen, ausgefertigt von eigener Hand
S. 80	**Suitier**	ein leichtfertiger Lebemann; moderne Entsprechung etwa ‚Playboy'
S. 86	**quelle horreur**	wie grauenhaft, welches Grauen
	vox humana	(lat.) die menschliche Stimme; ein achtfüßiges Zungenwerk der Orgel
S. 89	**Table d'hôte**	Wirtstafel; Mittagessen mit gleicher Speisenfolge und gleichem Preis für alle Gäste
	„Ah! voyons, mesdames! zu Bette, s'il vous plaît!"	Ah! Wir werden sehen, meine Damen! zu Bette, bitte!
S. 90	**… dorthin, wo Herr Bernhard Buddenbrook Inspektor war**	Tony besuchte außer dem Schilling'schen Gut bei Travemünde auch das Gut ‚Ungnade' bei Rostock

Dritter Teil

S. 91	**Ciceros zweite Catilinarische Rede**	röm. Staatsmann, Redner, Schriftsteller Marcus Tullius C. (106 v. Chr.–43 v. Chr.); 57 seiner Reden sind erhalten geblieben.
	Hoffmanns „Serapionsbrüder"	Ernst Theodor Amadeus (eigentl. Wilhelm) H. (1776–1822), romantischer Dichter; *Die Serapionsbrüder* (Erzählsammlung, 1819–1821)
S. 92	**comme il faut**	wie es sein muss; wie es sich gehört; musterhaft
S. 95	**die … so furchtbaren zweiundvierziger Maitage**	vom 5. bis 8. Mai 1842 wütete eine Feuersbrunst in Hamburg, die einige Stadtteile völlig zerstörte
S. 96	**quosque tandem, Catilina**	wie lange noch, Catilina (Cicero)

S. 100	**Favoris**	schmaler, knapp bis ans Kinn reichender Backenbart
S. 101	**„Waverley"**	historischer Prosaroman von 1814 des schottischen Dichters Walter Scott (1771–1832)
S. 102	**Echauffement**	Aufregung
S. 111	**becouren**	von ‚die Cour machen'; sich um die Gunst einer Dame bemühen
S. 119	**kummenartige Tassen**	Tassen wie mit einem Kesselboden; breite offene Form
S. 129	**Schutz-Pincenez**	Kneifer mit Sonnenschutzgläsern
S. 130	**Lorgnette**	bügellose Handgriffbrille
S. 131	**Réunions**	gesellige Zusammenkünfte
S. 139	**Philister**	Spießbürger; in der Studentensprache auch ‚Nichtstudierende'
	Burschenschafts-verbindung in Göttingen	die Burschenschaft wurde zuerst am 12. Juni 1815 in Jena begründet; Studentenverbindung mit vaterländischen Grundpositionen; Wartburgfest 18. 10. 1817, Farben der ‚Allgemeinen Deutschen Burschenschaften' Schwarz-Rot-Gold
S. 150	**sehr obligiert**	sehr verpflichtet
S. 151	**Medisangsen**	von ‚Medisance'; Schmähung, Verleumdung
S. 160	**Moiré antique**	geflammter Rips, ein Stoff von besonderer Qualität
S. 161	**procul negotiis**	fern von Geschäften (Horaz)
S. 163	**„Diese Accise ..."**	Einfuhrzoll; Grünlich soll nach des Konsuls Wunsch die Spitzen nach Hamburg schmuggeln

Vierter Teil

S. 170	**Pensée**	das Stiefmütterchen, ebenso das Violettbraun; auch: Gedanke, Denken

S. 175	**verzwickte schleswig-holsteinische Angelegenheit**	Friedrich VII. von Dänemark proklamierte am 28. Januar 1848 die völlige Vereinigung Schleswigs mit Dänemark; bewaffneter Widerstand war die Folge
S. 180	**Lope de Vega**	Lope Felix de Vega Carpio (1562–1635); span. Dramatiker, schuf über 1500 ‚Comedias'; gilt als der Begründer des spanischen Nationaltheaters
S. 181	**Uomo non educatoi dal dolore riman sempre bambino**	(ital.) Ein Mensch, den nicht der Schmerz erzogen hat, bleibt stets ein Kind.
S. 185	**Skribifax**	abwertend ‚Schreiberling'
S. 188	**Parbleu**	Ausruf ‚Bei Gott!', ‚Potztausend!'
S. 190	**'n beeten öwerspönig**	ein wenig verdreht, ein bisschen ein Spinner
S. 214	**diskontierte Wechsel**	Fachausdruck der Kaufmannssprache; Wechsel, die vor dem Verfallstag gekauft werden, wobei der Zins für die bis zum Verfallstag dauernde Frist vom Kauf an abgezogen wird (Diskontbanken usw.).
S. 218	**Falliment**	Einstellung der Zahlungen, finanzieller Zusammenbruch
S. 223	**Bajazz**	Bajazzo, Hanswurst, Clown

Fünfter Teil

S. 266	**dehors**	der äußere Anstand
S. 267	**mit avec Geld verdienen**	Kaufmannsjargon, zeitgenössische Redensart, etwa ‚schnelles Geld machen'; avec bedeutet französisch ebenfalls ‚mit'.
	das retardierende Moment	das verzögernde Moment; hier: Herr Marcus sorgt dafür, dass geschäftliche Risiken möglichst vermieden werden.
S. 274	**ohne Rancüne**	ohne Groll, ohne Rachsucht

S. 278	**katechisieren**	die christliche Lehre in Form von Fragen und vorgegebenen Antworten vermitteln
S. 279	**Paul Gerhardt (1607–1676)**	Dichter sehr bekannter Kirchenlieder wie ‚O Haupt voll Blut und Wunden'; ‚Befehl du deine Wege'
S. 283	**Mockturtlesuppe**	‚falsche Schildkrötensuppe' aus Kalbskopf mit Fleischbrühe
S. 288	**Konzertpiècen**	Konzertstücke
	echte Stradivari	kostbare Geige aus der Werkstatt des Amati-Schülers Antonio Stradivari (1644–1737) in Cremona
S. 294	**prätentiös**	anspruchsvoll, anmaßend
	Pardessus	Überzieher
S. 295	**Here**	Hera, oberste griechische Göttin
	Aphrodite	griech. Göttin der Liebe und Schönheit
	Brünhilde	die Gattin des Burgunderkönigs Gunther
	Melusine	eine schöne Meerfee der Sage
S. 296	**Cantilene**	eigentl. Liedchen, Singstück; hier: eine besondere Art des Geigenklanges
S. 297	**prévenir**	Zuvorkommen
S. 303	**Garçon**	Junggeselle
	Piqué	Doppelgewebe von reliefartigem Aussehen, das durch Steppen erzeugt wird

Sechster Teil

S. 306	**Pinakothek**	urspr. mit Bildern geschmückter Raum in den Propyläen in Athen; hier Münchener Gemäldesammlung
	Glyptothek	Münchener Skulpturensammlung
S. 308	**équivoque**	zweideutig

S. 310	**Epaulettes**	Achselklappen
	Dujak	Dummkopf
S. 313	**biderbe Skepsis**	schlichter Zweifel
S. 315	**Jeu**	Spiel
S. 319	**Café chantant**	Amüsierbetrieb mit Gesangsdarbietungen im Schankraum
S. 320	**... du beziehst deine Procura**	eigtl. Recht zur Vornahme rechtsverbindlicher Handlungen für die Firma; hier wohl ‚finanzielles Entgelt für Dienste an der Firma'
S. 322	**Cotillon**	ein Gesellschaftstanz, bei dem große, aus Pappe und Flitter gefertigte Orden eine Rolle spielen
S. 323	**Meiboschekoch-hanne!**	(Poln.) moj boze kochann: Mein lieber Gott!
S. 327	**Sèvres-Tinten-fass**	aus der berühmten französischen Porzellan-manufaktur von Sèvres, gelegen westlich von Paris an der Seine
S. 341	**Assez**	der französische, immer wieder von der alten Konsulin gebrauchte mäßigende Ausruf ‚Genug!'
S. 343	**morbide**	kränklich, zart
S. 351	**Lola Montez**	1816–1861; Geliebte König Ludwigs I. von Bayern, zur Gräfin Landsfeld erhoben, im Februar 1848 brachen ihretwegen in Bayern Unruhen aus, und sie musste das Land verlassen.
S. 357	**Orsinibomben**	Graf Felice Orsini (1819–1858) versuchte am 14. Januar 1858 Napoleon III. mit Hilfe eigens gefertigter Sprenggeschosse zu ermorden; er wurde hingerichtet.
S. 358	**Friedrich Wilhelm von Preußen**	gemeint ist Friedrich Wilhelm IV. (1795–1861), er regierte ab 1840; vom 23. Oktober 1857 an wurde wegen eines Gehirnleidens der Bruder des Monarchen mit der Stellvertretung beauftragt.

S. 359	**Diligencen**	Schnellpost, Eilwagen
S. 361	**ceterum censeo (Carthaginem esse delendam)**	beständiger Schlusssatz in den Reden des Cato (234–149v. Chr.) röm. Staatsmann, ‚übrigens meine ich, dass Karthago zerstört werden muss‘
S. 374	**Causeur**	Plauderer
S. 364	**dégoutiert**	angewidert, angeekelt
S. 379	**quand même**	selbst im äußersten Fall, trotz allem
S. 387	**unsoigniert**	ungehobelt, ungeschliffen
S. 391	**dos**	(lat.) Mitgift
S. 393	**Accession**	Eigentumserwerb
S. 393	**Tangibilien**	die Sache berührende Fakten, das zur Sache Gehörende

Siebenter Teil

S. 397	**Moquerie**	Spottlust
	pastor marianus	Pastor im Kirchspiel St. Marien
S. 399	**Staatsoberhaupt**	Lübeck als Freie und Hansestadt war ein Gliedstaat des Deutschen Reiches, der aus der Stadt Lübeck und 5 Landbezirken mit 36 Gemeinden bestand. Dem Senat gehörten 12 auf Lebenszeit von der Bürgerschaft gewählte Mitglieder an, die 80 Mitglieder der Bürgerschaft wurden auf drei Jahre von den Bürgern gewählt. Der Bürgermeister war das Staatsoberhaupt.
S. 407	**diabetischer Greis**	James Möllendorpf war zuckerkrank.
S. 426	**Thorwaldsen**	Bertel Th. (1770–1844), dänischer Bildhauer
S. 434	**dieser ingeniöse Pastor**	dieser erfindungsreiche Pastor; Thomas scheint davon überzeugt, dass Tiburtius den Brief entweder gefälscht oder der todkranken Klara abgenötigt habe.

S. 434	**Paroxysmus**	Verschärfung; die Steigerung der charakteristischen Symptome einer anfallsweise auftretenden Krankheit bis zum Extrem
S. 436	**Bel-Etage**	das Stockwerk über dem Erdgeschoss
S. 437	**Fallissement einer Frankfurter Großfirma**	Bankrott infolge der Kriegsereignisse, die dazu geführt haben, dass die ehemalige Freie Reichsstadt am 16. Juli 1866 besetzt und am 18. Oktober Preußen angeschlossen wird.

Achter Teil

S. 443	**Quisisana**	(ital.) Hier gesundet man.
S. 444	**Aperçu**	geistreicher Einfall, Geistesblitz
S. 447	**solenn**	festlich
S. 448	**Patschuliduft**	Duft der Blätter einer vorderindischen Pflanze, die in einem Parfüm verarbeitet sind
S. 449	**Entrée**	eigtl. Eingang, hier ‚Vorspiel durch einen Clown'
S. 450	**Plafond**	Zimmerdecke, speziell mit Balkenwerk, Stuck oder Malerei verzierte Decke eines größeren Raumes
S. 451	**Mantille**	leichtes Frauenmäntelchen; benannt nach der spanischen ‚Mantilla', dem Umschlagtuch
S. 460	**Giacomo Meyerbeer**	1791–1864, eigtl. Jakob Liebmann Beer, Schöpfer populärer Opern, z. B. ‚Die Hugenotten', ‚Die Afrikanerin'; 1842 zum preußischen Generalmusikdirektor ernannt
S. 462	**pavor**	(lat.) Zittern, Angst, Entsetzen
S. 463	**„Des Knaben Wunderhorn"**	deutsche Volksliedsammlung, herausgegeben durch Clemens Brentano (1778–1842) und Achim von Arnim (1781–1831) in den Jahren 1806–1808
S. 465	**pavor nocturnus**	nächtliche Beängstigung
	Altheesaft	Saft aus der Blüte der Malvenrose (althea rosea)

S. 471	**Etagère**	Gestell für Nippsachen mit mehreren übereinander befindlichen Stellflächen
	Basreliefs	Flachrelief, bei dem die Erhöhung weniger als die Hälfte der Körperstärke des abgebildeten Gegenstandes beträgt
S. 472	**Servanten**	Gestell zum Aufstellen von Tellern
S. 473	**insipide**	abgeschmackt, albern
S. 489	**kordial**	herzlich, vertraulich
S. 490	**Offenbach**	Jean Jacques O. (1819–1880); Schöpfer populärer Operetten
S. 494	**Sebastian Bach**	Johann Sebastian Bach (1685–1750); Organist, berühmter Komponist, Meister der Kontrapunktik, ab 1723 Thomaskantor in Leipzig
S. 495	**Contrapunkt**	vom lat. ‚punctum contra punctum', d. i. Note gegen Note (geschrieben stehend); ursprüngl. Bezeichnung der gesamten Komposition, später desjenigen Teiles, der melodisch Gegebenes (cantus firmus) harmonisch mit melodisch Anderem verwebt
S. 496	**Palestrina**	Giovanni Pierluigi da P. (1525–1594); gilt als größter italienischer Komponist von geistlicher Musik
S. 497	**Haydn**	Joseph H. (1732–1809); österr. Komponist, epochemachend in der Instrumentalmusik durch seine Streichquartette und Sinfonien
	Mozart	Wolfgang Amadeus M. (1756–1791); Klavier-, Orgel- und Violinvirtuose, Komponist; erregte als ‚Wunderkind' Aufsehen; der Österreicher war eine der größten Musikpersönlichkeiten des 18. Jahrhunderts.
	Beethoven	Ludwig van B. (1770–1827); großer Instrumentalkomponist in der Geschichte der Musik; Schöpfer von neun Symphonien und zahlreichen anderen bedeutenden Werken

S. 498	**Demagogie**	Aufwiegelung, Irreführung (des Volkes), Entstellung der Wahrheit
S. 499	**Hedonismus**	auch Hedonik; griech. ‚Genusslehre', sucht das Prinzip der Moral in der Lust, begründet durch Aristippos von Kyrene d. Ä. (um 435–355 v.Chr.), einem Schüler des Sokrates
	Sophismus	Spitzfindigkeit
S. 500	**inkliniert**	zugeneigt
S. 501	**Phrasierung**	sinngemäße Gliederung eines Musikstückes
	Polyphonie	Vielstimmigkeit; ein Kompositionsstil
S. 504	**Fuge**	(vom ital. fuga ‚Flucht'), mehrstimmiges Tonstück, in dem ein Thema in den verschiedenen Stimmen nacheinander auftritt und kontrapunktisch durch das ganze Stück durchgeführt wird
S. 505	**Quart-Sext-Akkord**	Umkehrung eines Dreiklangs mit in den Bass gelegter Quinte
S. 521	**Skropheln**	tuberkulöse Halsdrüsengeschwülste
S. 528	**Geroks „Palmblätter"**	Karl von G. (1815–1890); schwäbischer Kanzelredner und religiöser Dichter; die *Palmblätter* erreichten nach dem Erscheinungsjahr 1857 als eine der populärsten Gedichtsammlungen der Zeit mehr als 100 Auflagen.
S. 534	**Theaterhabitués**	wörtl. ‚Theaterkunden', Theaterbesucher
S. 540	**Plumcake**	(engl.) Rosinenkuchen
S. 541	**Nepotismus**	Vetternwirtschaft, ungerechte Bevorzugung der eigenen Verwandten
S. 548	**Hebels „Alemannische Gedichte"**	Johann Peter H. (1760–1826); die *Alemannischen Gedichte* erschienen 1803.
	Krummachers „Parabeln"	Friedrich Adolf K. (1767–1845), Pfarrer und Volksschriftsteller; die *Parabeln* erschienen erstmals 1805.
	Pensées de Blaise Pascal	frz. Schriftsteller, Philosoph und Mathematiker; Werktitel *Pensées sur la religion* (ersch. 1670), lebte von 1623–1662

Neunter Teil

S. 558	**… des kaum beendeten Krieges**	Anspielung auf den am 10. Mai 1871 zu Frankfurt a. M. geschlossenen Frieden im Krieg gegen Frankreich von 1870–71
S. 560	**dégagiert**	zwanglos
S. 561	**Hepatisation**	Lungenverhärtung
S. 566	**Ödem**	Gewebewassersucht
S. 573	**Ameublement**	Einrichtung
	Empire-Stutzuhr	eine reich verzierte Uhr im Stil des Empire; der Empirestil ahmte Formen der röm. Kaiserzeit nach, er galt in der frz. Kunst unter Napoleon I.
S. 581	**Courtisane**	Dirne, Buhlerin eines Fürsten
S. 592	**Defilé**	das Vorüberziehen, Vorbeimarsch
S. 593	**Explikation**	Entfaltung, Entwicklung
S. 594	**Lemuren**	nach der römischen Sage die bösen Geister von Verstorbenen
S. 595	**L'espérance toute trompeuse qu'elle est**	Die völlig trügerische Hoffnung, welche bleibt, dient wenigstens dazu, uns am Lebensende auf einen annehmbaren Weg zu führen (Rochefoucauld).
	La Rochefoucauld	François VI., Herzog (1613–1680); Schriftsteller

Zehnter Teil

S. 616	**Polsterfauteuil**	gepolsterter Lehnstuhl
S. 620	**Realpensum**	Realschulen waren seit Mitte des 18. Jahrhunderts aufgekommene Lehranstalten, deren Bildungsziel in der Vorbereitung auf das bürgerliche Berufsleben bestand; später führten Realgymnasien und Oberrealschulen auch zur Hochschulreife.

S. 622	**Arsen**	Arsenicum, chem. Zeichen: As, grauweißes, kristallinisches, sprödes Metall, hochgiftig; in kontrollierten Konzentrationen für medizinische Zwecke eingesetzt
S. 623	**Altan**	auf Pfeilern ruhender Ausbau am oberen Stockwerk zum Hinaustreten ins Freie; im Gegensatz dazu ruht der Balkon nicht auf Pfeilern.
S. 633	**Krocket-Partie**	Rasenspiel mit Holzkugeln und hammerartigen Schlägern, mit deren Hilfe die Kugeln durch niedrige Drahtbogen getrieben werden; das Spiel wird von zwei Mannschaften bestritten, es ist englischen Ursprungs.
S. 634	**Michaelisferien**	Ferien um das Michaelisfest am 29. September
S. 636	**Regeldetri**	Dreisatzrechnung
S. 644	**Secondeleutnant**	Offiziersdienstgrad
	Interimsrock	Überrock vor Einführung der grauen Uniform, wurde von Offizieren außer Dienst und im ‚kleinen Dienst' getragen
S. 649	**Nepos-Präparation**	Cornelius N. (95–28 v. Chr.) römischer Schriftsteller; die von ihm verfassten *Lebensbeschreibungen* (vitae) gehörten zu den verbreitetsten Schultexten; Hanno hat also das Lesen und Übersetzen eines Nepos-Textes vorzubereiten.
S. 666	**Hunyadi-Janos-Wasser**	Ofener Bitterwasser, ein Abführmittel
S. 669	**Aquavit**	lat. Aqua vitae, eigentl. ‚Lebenswasser'; Branntwein
S. 679	**nationalliberal**	Nationalliberale Partei; im Reichstag ausschlaggebend bis zum Umschlag in der Wirtschaftspolitik 1880, der zur Spaltung führte
S. 685	**agonierendes Gurgeln**	im Todeskampf ein gurgelndes Geräusch hervorbringend

Elfter Teil

S. 695	**Revenuen**	Einkünfte
S. 703	**Sixtinische Madonna**	berühmtes Gemälde Raffaels
S. 707	**Untersekunda**	die viertletzte Klasse in neunklassigen Oberschulen
S. 710	**Metamorphosen-Verse**	gemeint sind Verse des Ovid aus seinen Sagen; Metamorphose bedeutet ‚Verwandlung'.
S. 711	**konfiszierte Physiognomie**	von verdächtigem Aussehen
S. 712	**Embonpoint**	Wohlbeleibtheit, Fleischigkeit, Körperfülle
S. 714	**Buch Hiob**	Lehrgedicht im Alten Testament, das die altjüdische Vergeltungslehre bekämpft, welche alles Leiden als Strafe für ein entsprechendes Vergehen erklärt
S. 716	**Edgar Allan Poe**	amerikanischer Schriftsteller (1809–1849), Verfasser zahlreicher Novellen und Erzählungen von fantastischem Gepräge
	Gralmotiv, Gang zum Münster	Anspielung auf die ‚Lohengrin'-Aufführung vom Vortage
S. 720	**Roderich Usher**	literarische Gestalt im Werk E. A. Poes
S. 722	**der kategorische Imperativ**	„Handle so, dass die Maxime deines Willens jederzeit zugleich als Prinzip einer allgemeinen Gesetzgebung gelten könne" – bezeichnet als ‚Grundgesetz der reinen praktischen Vernunft' findet sich dieses vielzitierte Wort im Hauptwerk des preußischen Philosophen Immanuel Kant (1724–1804) *Kritik der praktischen Vernunft*, erschienen 1788
	Die ungeheure Autorität …	Man vergleiche zu dieser Textstelle die Schulschilderung im 1. Kapitel von Heinrich Manns *Untertan* und wird eine erstaunliche Übereinstimmung der Perspektive finden.
S. 724	**Ordinarius**	der Klassenlehrer

S. 727	**Aurea prima sata est aetas**	(lat.) Das Alter ist die goldene Zeit (das goldene Zeitalter).
S. 728	**Hexameter**	Versmaß des Epos mit sechs Hebungen
S. 730	**si tacuisses**	(lat.) Wenn du doch geschwiegen hättest.
	Rhapsode	bei den alten Griechen Rezitatoren epischer, bes. homerischer Gedichte bei Festen, wörtl. ‚Zusammenfügen von Liedern'
S. 739	**„Monkey, little merry fellow, Thou art nature's punchinello …"**	(engl.), dem Sinne nach „Äffchen, du kleiner lustiger Bursche, du Kunststückchen treibender Natur-Punchinello"
S. 740	**„Ivanhoe"**	Roman von Walter Scott, erschien 1920
S. 748	**Synkopen**	Betonung eines Taktteiles durch Vorrücken der Betonung
	Triolen	eine Gruppe von drei Tönen
	Fermate	musikalisches Zeichen über der Schlussnote
S. 750	**Ritardando, Tremolando**	langsam gespielt, zitternd gespielt
	Arpeggio	musikalische Bezeichnung für das nacheinander erfolgende Anschlagen der Töne eines Akkordes

3.6 Stil und Sprache

ZUSAMMEN-FASSUNG

Thomas Mann schreibt **realistisch**, in seiner **Detailgenauigkeit** zeigt er auch eine **Nähe zum Naturalismus**. Häufig verwendet er **lange, komplexe Sätze** (Perioden).
Sein Stil ist oftmals auch **ironisch**. Bestimmte Figuren sind auch **karikaturhaft** angelegt.
Der Gebrauch verschiedener **Sprachvarianten** (Dialekte) dient sowohl der ironischen Schreibweise als auch der stilistischen Vielfalt.

Sprache

Scheinbar umständliche Beschreibung

Allgemein gilt für die Sprache von *Buddenbrooks*, dass die „Ausdrucksweise ... klar, sachlich, nüchtern und präzise“[10] ist, was zur Verständlichkeit des Romans wesentlich beiträgt. Auffällig sind die stellenweise langen, gedehnten Beschreibungen, die auf den ersten Blick umständlich wirken und heutigen Lesern den Zugang zum Roman erschweren können, die aber gleichwohl eine wichtige Funktion erfüllen, wie an zwei Beispielen zu zeigen ist:

> „Durch den Garten kam, Hut und Stock in der selben Hand, mit ziemlich kurzen Schritten und etwas vorgestrecktem Kopf, ein mittelgroßer Mann von etwa 32 Jahren in einem grüngelben, wolligen und langschößigen Anzug und grauen Zwirnhandschuhen. Sein Gesicht, unter dem hellblonden, spärlichen Haupthaar war rosig und lächelte; neben dem einen Nasenflügel aber befand sich eine auffällige Warze. Er trug Kinn und

10 Fred Müller, *Thomas Mann, ‚Buddenbrooks‘*: Interpretation, 2. Aufl. München 1988, S. 83

Oberlippe glatt rasiert und ließ den Backenbart nach englischer Mode lang hinunterhängen; diese Favoris waren von ausgesprochen goldgelber Farbe. – Schon von Weitem vollführte er mit seinem großen, hellgrauen Hut eine Gebärde der Ergebenheit ..." (93)

Auf diese Weise wird Tonys erster Mann, Bendix Grünlich, in die Handlung eingeführt. Durch sein übergenau geschildertes Äußeres erscheint er als äußerlich korrekter, scheinbar etwas altmodischer und zugleich mit Makeln (rosiges Gesicht, Warze) behafteter Mann, der von Beginn an geckenhaft wirkt. Einige dieser Merkmale – das Haar, der rosige Teint, die Warze und vor allem die Favoris – werden wiederholt erwähnt, wenn es um Grünlich geht. Sie dienen zur indirekten Charakterisierung der Figur. Ähnlich verfährt der Autor mit allen Hauptpersonen, aber auch mit der Beschreibung von **Räumen**:

„Man saß im ‚Landschaftszimmer', im ersten Stockwerk des weitläufigen alten Hauses in der Mengstraße, das die Firma Johann Buddenbrook vor einiger Zeit käuflich erworben hatte und das die Familie noch nicht lange bewohnte. Die starken und elastischen Tapeten, die von den Mauern durch einen leeren Raum getrennt waren, zeigten umfangreiche Landschaften, zartfarbig wie der dünne Teppich, der den Fußboden bedeckte, Idylle im Geschmack des 18. Jahrhunderts, mit fröhlichen Winzern, emsigen Ackersleuten; nett bebänderten Schäferinnen, die reinliche Lämmer am Rande spiegelnden Wassers im Schoße hielten oder sich mit zärtlichen Schäfern küssten ... Ein gelblicher Sonnenuntergang herrschte meistens auf diesen Bildern, mit dem der gelbe Überzug der weiß lackierten Möbel und die gelbseidenen Gardinen vor den beiden Fenstern übereinstimmten. ...

Durch eine Glastür, den Fenstern gegenüber, blickte man in das Halbdunkel einer Säulenhalle hinaus, während sich linker Hand vom Eintretenden die hohe, weiße Flügeltür zum Speisesaale befand. An der anderen Wand aber knisterte, in einer halbkreisförmigen Nische und hinter einer kunstvoll durchbrochenen Tür aus blankem Schmiedeeisen, der Ofen." (10 f.)

Das Haus in der Mengstraße verkörpert Wohlstand, bescheidenen Luxus, den Stil der Zeit und trägt zur Charakterisierung der Personen bei. Behaglichkeit, Ordnung und Übersichtlichkeit, Musikalität und den Wunsch nach Stil und Geschmack kann man den Bewohnern dieses Hauses zuschreiben. Demgegenüber steht die Beschreibung des luxuriösen Hauses in der Fischergrube: Vom Äußeren erfährt man nur etwas über die Repräsentations-Funktion („ein prächtiger Rohbau mit Sandstein-Karyatiden"), die Einrichtung wird nicht beschrieben. Dieses Haus ist keine „Wohnung" im eigentlichen Sinn.

Auf diese Weise trägt der weit ausgreifende Stil sowohl zur Charakterisierung als auch zur satirischen Überzeichnung und darüber hinaus zur Schilderung der Atmosphäre bei.

Auffällig, was die Sprache betrifft, ist die Verwendung zahlreicher Sprachvarianten: Neben dem Hochdeutschen finden sich folgende Dialekte und Mischungen:

Sprachvarianten

Französisch, Platt- und Hochdeutsch (Großvater Buddenbrook), Niederdeutsch (Schwarzkopf sr., Lübecker Arbeiter), eine Spielart des Ostpreußischen (Ida Jungmann) und Bayerisch (Permaneder). Beim Hochdeutschen fallen die religiös eingefärbte Sprache des Konsuls (z. B. S. 51) und die ebenso aufgesetzte wie floskelhafte Sprechweise Grünlichs auf: „Ich störe, ich trete in einen Familienkreis ... Man hat gute Bücher zur Hand genommen, man plaudert ... Ich muss um Verzeihung bitten." (93)

Auch die Sprachvarianten tragen auf ihre Art und Weise zur Charakterisierung der Personen bei: Die Sprachmischung kennzeichnet den Großvater als gebildeten Menschen, der den Kontakt zum Volk nicht verloren hat, die religiösen Wendungen erklären manche Skrupel des Konsuls, das Niederdeutsche nimmt der „Revolution" die brutale Härte, Grünlich und Permaneder werden durch ihre Art zu sprechen karikiert.

Auffallend ist, dass mit zunehmender Handlungsdauer der Variantenreichtum zurücktritt. Das spiegelt nicht nur eine allgemeine Entwicklung der Sprache wider, sondern zeigt auf, dass der Prozess der ästhetischen und philosophischen Sensibilisierung einhergeht mit einem Verlust an Originalität und örtlicher Gebundenheit.

Formen der Ironie

Über die verschiedenen Dimensionen der Ironie informiert das Lexikon:

> „**Ironie** (von griechisch eironeia: Verstellung), rhetorische Verstellungskunst, bei der der Redner mit dem Ziel, den Zuhörer bewusst zu täuschen oder für Erheiterung zu sorgen, offenkundig das Gegenteil von dem vorgibt, was er ist oder was er meint. Philosophisch bediente sich Sokrates in den Dialogen Platons mit den Sophisten häufig der rhetorischen Figur der Ironie, um durch naives Fragen seine Gesprächspartner in Begründungsnot zu bringen (sokratische Ironie). Zunächst hielt er sich mit seiner eigenen Meinung zurück, stellte sich unwissend und ließ sich belehren, ehe er durch Schlussfolgerungen seine Gegner in Widersprüche verwickelte, um ihnen das Geständnis abzuringen, im Grunde selbst unwissend zu sein. In dieser Tradition steht auch die Ironie bei Søren Kierkegaard, mit der er sämt-

liches Wissen in Frage zu stellen trachtete. Eine bedeutende Rolle spielte die Ironie auch in der Romantik."[11]

Verschiedene Funktionen der Ironie

Ironischer Sprachgebrauch spielt in *Buddenbrooks* eine wichtige und vielseitige Rolle. Ihm verdankt der Roman die Leichtigkeit, die zur Lesbarkeit erheblich beiträgt. Im Roman hat die Ironie verschiedene Funktionen:

→ **Infragestellung**, indem Darstellung und Realität in einem Kontrast stehen: z. B. stehen Tonys unangemessener Familienstolz und ihre Selbstbekenntnisse, sie habe das Leben kennengelernt, in einem deutlichen Gegensatz zu ihrem kindlich-naiven Wesen; ähnlich verhält es sich bei Christian, wenn er von seiner Zeit in Valparaiso berichtet;

→ **Versöhnung, Verharmlosung**, etwa in der Gestalt der Sesemi Weichbrodt, die durch Ungeschicklichkeit zahlreiche Beinahe-Katastrophen auslöst, jedoch alle auf wunderbare Weise überlebt; ihre Darstellung geht bis ins Groteske;

→ **Bloßstellung, Denunzierung**, z. B. bei der Beschreibung von Hannos Schultag; zwar mag der Charakter der Schule im Wilhelminischen, vom Preußentum geprägten Deutschland zutreffend erfasst sein, doch erscheinen die Lehrer als Abziehbilder und bittere Karikaturen; die Darstellung geht über das Ironische hinaus ins Sarkastische;

→ **Belustigung**, z. B. bei der satirischen Darstellung der Geistlichkeit oder der Schilderung der Lübecker „Revolution"; hinsichtlich der Geistlichkeit, deren Porträt stellenweise ebenfalls sarkastische Züge aufweist, wird klar, dass sie keinen Anspruch auf Respekt hat; der Revolution haftet nichts Ernst-

---

11 Microsoft Encarta 99, Enzyklopädie plus, Stichwort Ironie

zunehmendes an – eine besondere Ironie des Schicksals ist es, dass sich Senator Kröger so über die harmlose „Canaille" aufregt, dass er deswegen an einem Herzinfarkt stirbt.

Buddenbrooks als naturalistischer Roman? Zur literaturgeschichtlichen Einordnung

Zwar steht die literaturgeschichtliche Einordnung nicht an erster Stelle, wenn es um das Verständnis des Romans geht, doch könnte sie Hintergründe erläutern und das Verständnis erleichtern. Die Entstehungszeit um die Jahrhundertwende herum legt eine Zuordnung des Romans zur literarischen Epoche des Naturalismus nahe. Und in der Tat ist *Buddenbrooks* von Thomas Mann selbst als Deutschlands „vielleicht erste(r) und einzige(r) naturalistische(r) Roman"[12] bezeichnet worden. Merkmale dieser von ca. 1890–1900 relevanten literarischen Strömung sind:

Merkmale des Naturalismus

- → Darstellung der Natur ohne poetische Verklärung,
- → Sicht des Menschen als Produkt aus Anlagen, Umwelt und Gesellschaft,
- → Positivismus statt Metaphysik,
- → Mitgefühl mit den Elenden und genaue Wiedergabe der Schattenseiten der Realität,
- → experimenteller Charakter von Literatur (Sekundenstil),
- → Aufnahme des Dialekts zum Zweck der Authentizität.

Für eine Zuordnung zum Naturalismus spricht die Genauigkeit bei der Beschreibung von Verhältnissen und Personen Lübecks. Äußerlichkeiten werden bis ins letzte Detail beschrieben, jeder

---

12 Thomas Mann: *Betrachtungen eines Unpolitischen*. In: ders.: Aufsätze, Reden, Essays, Band 2 (1914–1918). Berlin und Weimar: Aufbau-Verlag, 1983, S. 245

Akzent der Sprache wird wiedergegeben, ggf. korrigiert (z. B. S. 21, 29, 40). Die Gespräche nehmen einen breiten Raum ein, sodass der Leser „in Originalzeit" dem Geschehen folgen kann. Der medizinische Typhus-Rapport ebenso wie Briefe verbürgen Authentizität, und der Rückbezug zur historischen Realität wird durch Jahreszahlen abgesichert. Der ökonomische Verfall der Familie wird durch kontinuierliches Einstreuen von Zahlen über das verbleibende Vermögen dokumentiert.

Kein eindeutig naturalistischer Roman

Dennoch kann eine klare Zuordnung zum Naturalismus nicht vorgenommen werden. Das beginnt bereits beim Personal des Romans, denn porträtiert wird eine Familie aus der Oberschicht. Zwar lassen sich einige Phänomene wie die Wagner-Begeisterung und das Schopenhauer-Erlebnis durch den historischen Kontext besser verstehen, doch ist er ohne wesentlichen Einfluss auf den Gang der Handlung, die Verarbeitung von Zeitereignissen hat zumeist lediglich „anekdotischen Zuschnitt"[13]. Die „Bilanzsummen" bleiben mehr oder weniger abstrakte Größen. Während etwa im naturalistischen Drama die gesellschaftlichen und wirtschaftlichen Verhältnisse als Ursache für menschliche Krisen erkennbar werden, lässt sich für den fortschreitenden Verfall der Familie Buddenbrook keine eindeutige Ursache festmachen. Der Niedergang der Familie erscheint als „Gesamtvorgang von zwingender Folgerichtigkeit"[14] und bekommt dadurch eine nahezu metaphysische Dimension, die der Naturalismus stets ablehnte. Sogar für den Tod Hannos, der wissenschaftlich-positivistisch erklärt wird, trifft das letztlich zu, wenn sein Sterben in eine mythische Dimension entrückt und „Furcht und Abneigung bei der Stimme

---

13 Eberhard Lämmert: *Thomas Mann, ‚Buddenbrooks'*, in: B. v. Wiese (Hrsg.), Der deutsche Roman. Vom Barock bis zur Gegenwart. Struktur und Geschichte. Bd. II Düsseldorf 1963, S. 190–233, S. 197

14 Ebd., S. 205

des Lebens“ (754) als eigentliche Todesursache genannt werden. Ein letzter Grund, der gegen eine Zuordnung zum Naturalismus spricht, ist die Typisierung einzelner Figuren, äußerlich vor allem bei Gerda Buddenbrook[15], charakterlich aber auch bei Tony und Christian erkennbar: In einigen Verhaltensweisen wie dem ständigen Wiederholen von Redensarten oder dem Hang zur Theatralik erscheinen die Figuren als Typen, nicht als Individuen. Damit wird der individuelle Rahmen überschritten hin „zu exemplarischen Symptomen der Generationendeszendenz (und) Formeln, in die sich die gesamte Lebensbefindlichkeit der einzelnen Familienmitglieder bildlich fassen lässt“[16]; Ziel ist es, „das Typische im exakt analysierten menschlichen Verhalten ... das Musterhafte im vermeintlich ganz Individuellen“[17] zu erkennen.

Damit aber geht *Buddenbrooks* über die Absicht des Naturalismus, die möglichst naturgetreue Abbildung der Wirklichkeit, hinaus in Richtung eines mehrperspektivischen, den historischen Zeitrahmen übersteigenden Erzählens.

---

15 Vgl. ebd. 221 f.
16 Ebd., S. 223
17 Ebd.

3.7 Interpretationsansätze

Der Untertitel „Verfall einer Familie" legt bereits zwei verschiedene Interpretationen nahe:

→ *Buddenbrooks* ist ein **Familienroman**, der das Schicksal einer Familie und ihrer verschiedenen Angehörigen behandelt.
→ *Buddenbrooks* ist ein **Dekadenzroman**, dessen Thema der Verfall ist.
→ Da es der Niedergang einer explizit großbürgerlichen Familie geschildert wird, geht es auch um eine besondere Lebensform – damit kann man *Buddenbrooks* auch als **Gesellschaftsroman** verstehen.
→ Mit Hanno, aber auch mit Christian und Gerda spielen Figuren eine Rolle, die in den Bereich de Künstlerischen gehören. Damit ist *Buddenbrooks* in Teilen auch ein **Künstlerroman**.

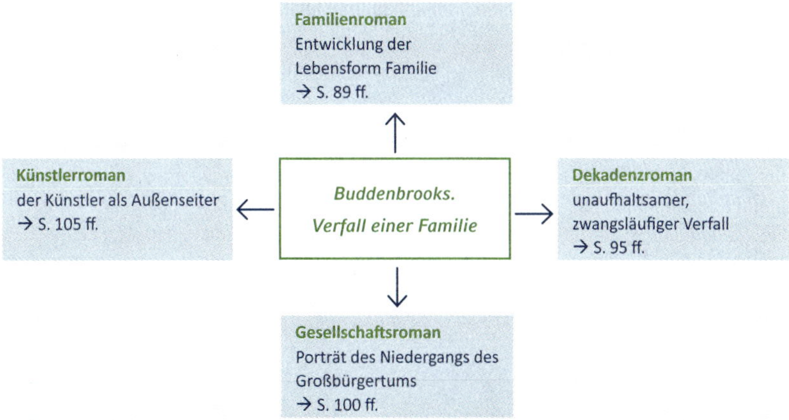

Buddenbrooks als Familienroman

Dass die Familie in den *Buddenbrooks* eine zentrale Rolle spielt, legt bereits der Untertitel des Romans, „Verfall einer Familie", nahe. „Nirgends greift diese Geschichte ... über den Familienhorizont ernstlich hinaus"[18], stellt E. Lämmert in seiner grundlegenden Studie fest und belegt dies an zahlreichen Details: Familienzusammenkünfte bilden den Rahmen des Romans, Details aus der Familiengeschichte haben Vorrang vor geschichtlichen Daten, auch nicht anwesende Familienmitglieder sind stets gegenwärtig. Daher ist es von Bedeutung, welche Rolle die Familie im Roman wirklich spielt.

---

18 Ebd., S. 195

Buddenbrooks, Verfilmung von 1959, v. r. Johann Buddenbrook (Werner Hinz), Bethsy (Lil Dagover), Thomas (Hans-jörg Felmy), Gerda (Nadja Tiller), Christian (Hanns Lothar), Antonie (Liselotte Pulver), Clara (Gustl Halenke) und Klothilde (Helga Feddersen) © ullstein bild

Die Bedeutung der Familie im Verlauf der Familiengeschichte

Der Roman setzt mit einem idyllischen Bild von der Familie ein: Drei Generationen sitzen beieinander, der Großvater hat die Enkelin auf dem Schoß und fragt sie auf humorvoll-kommentierende Weise den Katechismus ab, die Eltern stehen wohlwollend und respektvoll dabei: „Alle hatten in sein Lachen eingestimmt, hauptsächlich aus Ehrerbietung gegen das Familienoberhaupt." (8) Die Rollenverteilung zwischen Männern und Frauen, zwischen Alter und Jugend ist geordnet und wird nicht in Frage gestellt. Doch ist auch diese Idylle nicht ungetrübt: Der alte Buddenbrook und Gotthold, sein Sohn aus erster Ehe, sind unversöhnlich zerstritten. Von diesem Bruch abgesehen, repräsentieren der alte Buddenbrook und seine Frau die intakte Familie, wie sie den Vorstellungen des 19. Jahrhunderts entsprochen hat. Das zeigt sich nicht zuletzt im Sterben des Alten: Kurz nach dem Tod seiner Frau stirbt er im

Kreis seiner Familie, nicht ohne zuvor dem Sohn und den Enkelsöhnen einen Rat, eine Art kleines „Vermächtnis", mit auf den Weg gegeben zu haben (71).

Religiosität und bürgerliche Familie

Für den Konsul Johann („Jean") Buddenbrook spielt die Familie eine größere Rolle als für seinen Vater, zugleich treten die Konflikte stärker ins Zentrum. Ursache für die starke Rolle der Familie ist der bürgerlich-christliche Hintergrund. Äußerlich wohlgeordnet und mit zwei Söhnen und zwei Töchtern stellt die zweite Generation ein Idealbild der Familie dar. Doch wird die Mühe sichtbar, die der Konsul hat, dieses Bild aufrechtzuerhalten. Die Konflikte zwischen privaten und geschäftlichen Interessen werden größer, der Vater sieht sich zunehmend selbstbewussteren Ansprüchen seiner Kinder gegenübergestellt. Exemplarisch ist die Liebe von Tony zu Morten Schwarzkopf, die sich nur mit Druck unterbinden lässt und in die unglückliche Ehe mit Grünlich führt.

Bröckelndes Ideal

Auch die anderen Kinder entsprechen nicht dem Familienideal des 19. Jahrhunderts: Christian setzt sich als Lebemann ganz von der Familie ab und führt als „Suitier" ein vollkommen unbürgerliches Leben. Allerdings hat auch er Sehnsucht nach einer Familie (580) – die Bindekraft der Lebensform besteht also ungebrochen fort. Doch erweist sich für Christian die Ehe mit Aline Puvogel, die er erst nach dem Tode Thomas' eingehen kann, als endgültiger Schritt in den Untergang. Clara heiratet den Pastor Tiburtius, jedoch entspricht ihre Ehe dem Klischeebild des protestantischen Pfarrhaushalts in keiner Weise: Sie bleibt kinderlos, und Pfarrer Tiburtius erweist sich nach ihrem frühen Tod als Erbschleicher.

Der Tod des Konsuls spiegelt den angeschlagenen Zustand der Familie wider. Zwar sind seine Angehörigen im Moment seines Sterbens anwesend, doch stirbt er allein in seinem Zimmer, ohne irgendeine Form von „Vermächtnis" hinterlassen zu haben (248).

Thomas als scheinbar einziger Vertreter des bürgerlichen Familienideals

Das einzige Kind, das den Ansprüchen des familiären Ideals zu entsprechen scheint, ist Thomas. Mit der Heirat Gerda Arnoldsens scheint er eine Verbindung aus Liebe und geschäftlichen Interessen ideal miteinander zu vereinbaren. Doch auch das entpuppt sich als Täuschung. An keiner Stelle hat man den Eindruck eines Familienlebens, sondern die Eheleute leben scheinbar isoliert nebeneinander her. Das Kind, das die Familie nach traditionellem Verständnis erst komplett macht, wird unter Mühen zur Welt gebracht und bleibt ein Einzelkind. Die Ehe zwischen Thomas und Gerda entpuppt sich zunehmend als inhaltsleer, was im Verhältnis Gerdas mit dem Offizier von Throta gipfelt. Bei Hanno, Gerda und Thomas kann von einer „Familie" eigentlich nur noch auf dem Papier gesprochen werden.

Thomas' Tod als Ende des bürgerlichen Familienideals

Schließlich ist es der Tod Thomas', der den „Verfall einer Familie" vielleicht am deutlichsten repräsentiert: Im Gegensatz zum Sterben im Familienkreis bricht Thomas getrennt von seinen Angehörigen auf offener Straße im Dreck zusammen und wird bewusstlos nach Hause gebracht; sein Sterben dort wird von seiner Frau „zornig, verstört und angewidert" (681) betrachtet und als erniedrigend empfunden. Im Gegensatz zu seinem Großvater, der seinen Nachfolgern noch Ratschläge geben konnte, scheint mit Ausnahme Tonys die Familie auf das Ableben des Oberhauptes zu warten.

Hanno schließlich zieht bereits als Kind einen symbolischen Schlussstrich unter die Familie (524). Von Beginn an erscheint er als Einzelgänger; da er zugleich ein Einzelkind ist, findet die familiäre Tradition keine Fortsetzung. Hannos früher Tod, ein Sterben an mangelndem Lebenswillen, unterstreicht diese Eigenschaft zusätzlich.

Rolle der Kinder

Generell sind Kinder der Stolz der Familie; sie haben Gehorsam zu leisten; Ordnung, Disziplin und Leistung sind die in der Erziehung vorherrschenden Werte. Der Konsul Johann Buddenbrook scheint sich geradezu als Sohn seines Vaters zu definieren. Zwar wagt er in privaten Angelegenheiten gelegentlich eine eigene Meinung zu vertreten, doch fügt er sich den Ansprüchen seines Vaters widerstandslos. Das Gleiche erwartet er von seinen Kindern, wobei Tony und Christian dem nicht mehr entsprechen. Tony verstößt mit der Verlobung mit Morten Schwarzkopf bewusst gegen die familiäre Erwartungshaltung; Christian stellt geradezu das Gegenteil eines an Ordnung, Disziplin und Leistungsbereitschaft orientierten Menschen dar, auch wenn er sich äußerlich immer wieder einmal im Geschäftsleben versucht. Thomas versucht, die ihm zugedachte Rolle zu erfüllen, spürt jedoch die Differenz zwischen Anspruch und Wirklichkeit, was ihn in eine tiefe Sinnkrise führt.

Der größte Widerspruch zeigt sich bei Hanno. Zwar ist der „Stammhalter" zunächst der ganze Stolz des Vaters, doch muss Thomas bald erkennen, dass er keinen der gängigen Werte an seinen einzigen Sohn tradieren kann.

Zusammengefasst zeigt sich an der Geschichte der Buddenbrooks die **innere Aushöhlung des Familienideals des 19. Jahrhunderts.** Deutlich wird, dass dieser Prozess von innen kommt und weniger auf äußere Einflüsse (Sozialismus, Frauenemanzipation, Kirchenfeindlichkeit o. Ä.) zurückzuführen ist.

Andere Familien als „Gegenmodell" zu den Buddenbrooks?

Dass die Buddenbrooks möglicherweise nicht symbolisch für *den* Verfall des bürgerlichen Familienideals stehen, könnten zwei andere Beispiele von Familie im Roman nahelegen:

Anna Iwersen als Beispiel für die „heile Familie"

→ Anna Iwersen, ein früheres „Verhältnis" Thomas', das dieser aufgrund von Standesunterschieden beendet, erscheint immer wieder kurz als Beispiel einer glücklichen Mutter einer stets wachsenden Familie (425). An ihrem Beispiel wird der Kontrast zwischen einem gelingenden Familienleben trotz beschwerlicherer äußerer Umstände und einem misslingenden Familienleben bei besten Bedingungen deutlich. Annas Abschied vom toten Thomas – „sie war guter Hoffnung wie gewöhnlich" (689) – lässt sein Verhalten ihr gegenüber (166 f.) als äußerlich und verlogen erscheinen.

→ Dass auch Anna jedoch kein schlichtes positives Gegenbild zur Welt der Buddenbrooks darstellt, erkennt man indes an der leicht ironischen Kommentierung: „Ihre Erscheinung im Allgemeinen war mit den Jahren ein bisschen gemein geworden ... und man sah wohl, dass sie einstmals außergewöhnlich hübsch gewesen sein musste." (689)

Hagenströms als Beispiel für einen durchsetzungsfähigen Familienverband

→ Die Familie Hagenström, Buddenbrooks große Widersacher, strotzt geradezu vor Vitalität und Lebenskraft. Alle traditionellen Werte, Übereinstimmung von Geschäftsinteressen und Privatsphäre, Heiratspolitik, familiäre Integration und Zusammenhalt, funktionieren anscheinend reibungslos, bis die Buddenbrooks schließlich von den Hagenströms vollständig verdrängt sind.

→ Dennoch lassen sich die Hagenströms nicht als positives Gegenbeispiel zu den Buddenbrooks verstehen: Ihr Vorgehen ist stets mit einer gewissen Härte (schon als Kinder), Skrupellosigkeit und Geschicklichkeit verbunden, was sie nicht gerade als Sympathieträger dastehen lässt. Auch wenn sie in Erfolg und Durchsetzungsfähigkeit das genaue Gegenteil der Buddenbrooks verkörpern, wirken sie nicht etwa wie glaubwürdigere Vertreter der Ideale des 19. Jahrhunderts, sondern eher wie Vorboten einer rücksichtslosen Ellenbogen-Gesellschaft. Was die Buddenbrooks „von innen" her erfahren, verkörpern Hagenströms äußerlich: die **Fragwürdigkeit der Werte und Ansprüche,** die im 19. Jahrhundert für die bürgerliche Familie Geltung beanspruchten.

Die Buddenbrooks als Repräsentanten der Dekadenz?

Folgt man der Lexikon-Definition

> „Verfall, Niedergang, Entartung, Überfeinerung. In der europ. Literatur des späten 19. Jh. ... der Kult einer überreifen, nervös verfeinerten Geistigkeit u. Sinnlichkeit, der sich vom Naturalismus u. von den bürgerl. Normen distanzierte u. einen ‚Heroismus der Schwäche' prägte, damit zugleich subtilste seelische Bereiche der Dichtung erschließend ... Auch ‚Ästhetizismus'"[19],

ergeben sich zwei Spuren, denen zu folgen ist:

→ der Prozess des Verfalls und Niedergangs, den die Familie Buddenbrook durchläuft, und

→ der Prozess einer zunehmenden ästhetischen Sensibilisierung, der mit dem äußeren Verfall einhergeht.

Dekadenz zeigt sich in der Familiengeschichte der Buddenbrooks als Verlust gemeinsamer, verbindender Werte

Zunehmende Individualisierung

Mit zunehmender Dauer der Handlung und dem Fortgang durch die Generationen verlieren die Buddenbrooks immer mehr den Charakter einer Familie und es zeigt sich ein **starker Hang zum Individualismus,** der in Hanno seinen Gipfel erreicht.

So erfährt man bei den Großeltern vergleichsweise wenig über individuelle Züge; der Großvater erscheint zu einem relativ großen Teil typisiert: Kaufmannstradition, dazugehöriges Kaufmanns-Ethos, Repräsentant der Aufklärung. Wesentlicher individueller Zug ist die Geschichte des Zerwürfnisses mit seinem Sohn Gotthold. Beim Konsul Buddenbrook tritt der Konflikt zwischen dem Individuum und den Anforderungen des Geschäfts stärker heraus

---

19 Nach Lexicodisc. Version 3.1, Bertelsmann Lexikon Verlag, Gütersloh 1996; Stichwort Dekadenz

(Gotthold, Tony); die Mühe bei der Erledigung der täglichen Geschäfte wird deutlich. Überindividuell ist das praktizierte Christentum der Eheleute, das allerdings schon zu Lebzeiten des Konsuls wie ein Fremdkörper im Alltagsleben der Familie wirkt und auch erst nach dem Tod des Konsuls von seiner Frau, dann aber in übersteigerter Form, übernommen wird.

Traditions- und Bindungsverlust

Für die dritte Generation gibt es kein überindividuelles Band mehr. Verbindende Traditionen sind zu reinen Äußerlichkeiten geworden. Bei der Familiengeschichte bzw. -ehre geht es um das Aufrechterhalten des äußeren Scheins, wie die Auseinandersetzung um die Heirat Christians zeigt (581). – Auch die Auseinandersetzung zwischen Thomas und Christian um das Kaufmanns-Ethos (319) ist äußerlicher Natur: Es geht um die Reputation der Firma, nicht um persönlich verletzte Ehre; darüber hinaus gibt Thomas dem Bruder in einem Moment innerer Einkehr praktisch Recht (470). Christian „flieht“ ins Schrullige, und Thomas gibt sich einer maßlosen Eitelkeit hin, mit der er sich und andere offenbar von seiner Existenz überzeugen möchte.

Hanno repräsentiert schließlich die vollkommene Loslösung von allen überindividuellen Bindungen. Familie, Gesellschaft (etwa in Form von Schule) und Religion werden für ihn vollkommen bedeutungslos. Oft wird dem die Musik gegenübergestellt, aber auch hier ist Hanno nicht in der Lage, sich in eine Tradition einzuordnen, sondern er ergeht sich im freien Fantasieren.

Dekadenz bedeutet im Verlauf der Generationen also den **Verlust verbindender Elemente und Werte.** An deren Stelle tritt ein am Ende übersteigerter Individualismus, der zu einer immer stärkeren Isolation der Figuren führt.

Dekadenz vollzieht sich bei den Buddenbrooks als Prozess des biologischen Rückgangs

Am Ende der Generationenreihe steht Hanno – ein von Beginn an schwächliches, kränkliches Einzelkind, das früh stirbt. Die Familie geht **physisch und psychisch gleichermaßen zu Ende.**

Zunehmende Krankheiten, sinkendes Lebensalter

Diese Entwicklung lässt sich schon bei den beiden vorangehenden Generationen beobachten. Gegenüber Johann Buddenbrook senior, der mit 77 Jahren stirbt, erreichen alle männlichen Buddenbrooks ein weitaus geringeres Lebensalter. Jean Buddenbrook stirbt mit 55, sein Sohn Thomas erreicht nicht einmal die 50, dessen Sohn Hanno stirbt bereits im Teenageralter.

Während beim alten Buddenbrook von Krankheiten nicht die Rede ist, zeigen sich beim Konsul mit Mitte Vierzig Spuren des Alters (75), und mit Mitte Fünfzig fühlt er sich als alter Mann, den Rheumatismus und Schwindelanfälle plagen; Reisen, wie sie sein Vater zu Geschäftszwecken unternommen hatte, macht er, um in die Kur zu gehen. Noch stärker prägt die Krankheit die dritte Generation. Christian zeigt schon von Beginn der Handlung an hypochondrische Züge, die immer drastischer hervortreten. Thomas zwingt sich gleichsam zur Gesundheit, neigt aber ebenfalls zur beständigen Selbstbeobachtung (247) und bezeichnet sich Christian gegenüber als den vielleicht Krankeren (578) – es könnte durchaus eine Art „Bedürfnis" nach einer Krankheit vorliegen. Clara stirbt, von jeher kränklich, einen frühen Tod.

Genau umgekehrt ist die Entwicklung bei den Hagenströms. Dort korrespondiert die Abwesenheit ethisch-moralischer Skrupel mit geradezu demonstrativ zur Schau gestellter Gesundheit und Vitalität.

Dekadenz erweist sich in der zunehmenden Tendenz der Sublimation und Kompensation

Johann Buddenbrook sr., der am wenigsten „dekadente" Typus unter den Firmeninhabern, verfügt über ein vergleichsweise klares, geschlossenes Weltbild: aufgeklärte Vernunft, kaufmännisches Ethos und der Vorrang des Geschäftlichen vor dem Privaten geben eine klare Orientierung. Es gibt für ihn offenbar keinen Anlass, nicht ausgelebte Anlagen mit einer Ersatzbefriedigung auszugleichen. Flöte wird eher aus Konvention gespielt, und die Religiosität erweist sich als ein weitgehend verbürgerlichtes und veräußerlichtes Christentum.

Religion als Gegengewicht zum Geschäft

Für den Konsul Buddenbrook dagegen bekommt die Religion eine weitaus größere Bedeutung. Zwar instrumentalisiert er auch die Religion, z. B. wenn er Druck auf Tony ausübt, doch vor allem ist der pietistisch geprägte Protestantismus für ihn eine Möglichkeit, den Widerstreit zwischen persönlichem Denken und Geschäftsinteressen aufzuheben. Auch für seine Frau Elisabeth ist die erst nach dem Tod des Konsuls hervortretende Religiosität offenbar ein **Mittel, zu dem Geschäftlichen und den stärker werdenden innerfamiliären Konflikten Distanz zu wahren.**

Seine direkte Fortsetzung findet dies in Clara.

Weltliche Gegengewichte: Hang zum Künstlertum und zur Eitelkeit

Christian und Thomas suchen weltliche Möglichkeiten, den Anforderungen der Tradition und des Geschäfts auszuweichen: Christian versucht sich als Künstlerfreund und Lebemann, wobei er aber eine gescheiterte Existenz bleibt; Thomas sucht einen Ausgleich in Form von Eitelkeit und Repräsentation, letztlich auch in der Philosophie, doch führt dies nicht zu einer ausgeglichenen Persönlichkeit: „Wohl lässt ihn seine individualistische Geschmackskultur den biederen Mitbürgern als Ästheten erscheinen ... aber diese dekadenten Züge ... werden funktionalisiert und aufgebraucht im verzweifelten Kampf um die Aufrechterhaltung der bürgerlichen Fassade."[20]

---

20 Jochen Vogt, *Thomas Mann: ,Buddenbrooks'*, München 1983, S. 99

Die reinste Form der Sublimierung findet sich bei Hanno, der sich konsequent von einem Großteil der ihn umgebenden Realität (Schule, Geschäft) ab- und der Musik zuwendet.

Die Kehrseite der Dekadenz: ästhetische Sensibilisierung und ethische Differenzierung

Kunst als Gegengewicht zur Welt

Bereits die Definition von „Dekadenz" verweist auf das Vorhandensein einer „überreifen ... verfeinerten Geistigkeit u. Sinnlichkeit"[21]. Hier lässt sich eine aufsteigende Linie bei den Buddenbrooks beobachten: Von Generation zu Generation werden sie **empfänglicher für die Kunst,** bis sich Hannos Leben gleichsam in Kunst auflöst. Während das Flötenspiel des Großvaters nur nebenbei erwähnt wird, ist der Konsul über seine Religiosität zumindest ethisch sensibilisiert, wie die Auseinandersetzungen mit seinem Vater zeigen. Bei Christian zeigt sich die ästhetische Dimension noch als ein Pseudo-Künstlertum, doch weist er eine überraschende Nähe zu Gerda (451) und zu Hanno (539) auf. Thomas dient das Ästhetische zunächst rein dem äußeren Zweck der Repräsentation. Doch bewirkt die Beschäftigung mit der Metaphysik, insbesondere mit der Philosophie Schopenhauers, eine Art Erleuchtung und einen, allerdings nicht dauerhaften, Zustand höchster ethischer Sensibilität.

Hanno schließlich erweist sich nicht nur als kränklich und dem Verfall preisgegeben. Bereits als Kind zeigt er Neigungen zu einem allumfassenden Mitleid (463), das bei ihm allerdings mit Angst einhergeht. In der Musik entwickelt er genialische Züge, die er allerdings nicht zur Vollendung führen kann oder will. Doch ist diese Flucht verbunden mit einem schonungslosen Blick auf die Weltwirklichkeit: So entschieden Hanno sich der äußeren Re-

---

21 Ebd.

alität versagt, so genau vermag er sie zu durchschauen, vor allem, wo sie falsch und scheinhaft ist: „die Masken- und Schauspielerkünste seines Vaters, die hohle Autorität des gymnasialen ‚Lehrkörpers'."[22] So ist seine frühe Erkenntnis, „nichts" zu werden, durchaus folgerichtig.

Gesellschaft und Gesellschaftskritik

Buddenbrooks ist nicht nur ein Familien- und in Teilen ein Entwicklungs-, sondern auch ein Gesellschaftsroman. Der autobiografische Hintergrund bedingt, dass Schauplätze und Hintergründe der Handlung genau benannt und beschrieben werden. Im Roman geht es aber nicht nur um den Niedergang einzelner Personen oder einer einzelnen Familie, sondern auch um ein **Porträt einer im Niedergang begriffenen Gesellschaft.** Daher ist danach zu fragen, wie Gesellschaft im Roman zur Darstellung kommt.

Lübeck als äußerer Handlungsrahmen

Der Schauplatz Lübeck

Lübeck, Hansestadt und heute kreisfreie Stadt, liegt in Schleswig-Holstein an der unteren Trave. Die Hafenstadt wurde zum ersten Mal im 11. Jahrhundert erwähnt und im 12. Jahrhundert befestigt. 1157 zerstörte ein Brand die Stadt, woraufhin sie neu gegründet und 1226 zur freien Reichsstadt erhoben wurde. 1358 wurde sie die führende Stadt der Hanse und hatte ihre Blütezeit als Drehscheibe im Ostseehandel mit Russland und Skandinavien. Der Handelsverkehr am Hafen ging mit dem Zusammenbruch der Hanse im 17. Jahrhundert zurück und nahm im 19. Jahrhundert infolge des an Bedeutung gewinnenden preußischen Ostseehafens Stettin weiter ab. 1895 wurde der Nord-Ostsee-Kanal eröffnet, durch den Hamburg und Bremen als Handelsorte gewannen und

---

22 Ebd., S. 103

Lübeck weiter ins Hintertreffen geriet. Um ihre Wirtschaftskraft zu erhalten, war die Ansiedlung neuer Industrien notwendig. Durch den 1900 fertiggestellten Elbe-Lübeck-Kanal wurde die Stadt mit den Hauptwasserstraßen Europas verbunden, was der Wirtschaft neuen Aufschwung gab. Lübeck blieb politisch selbstständig, bis es 1937 Teil von Schleswig-Holstein wurde. Im 2. Weltkrieg erlitt die Stadt große Schäden durch Bombardements; heute hat sie ca. 210.000 Einwohner.

Von diesen knapp umrissenen Fakten sind zwei Aspekte von Bedeutung:

→ Die Ereignisse um die Familie Buddenbrook spielen zu einer Zeit, in der Lübeck einen Großteil seiner wirtschaftlichen Bedeutung verloren hat und weiter verliert. Der **Niedergang der Familie** ist also durchaus **im Rahmen eines umfassenderen Niedergangs der Stadt** zu sehen.

→ Die politische Selbstständigkeit der Stadt wirkt sich unmittelbar auf die Familiengeschichte der Buddenbrooks aus. Thomas' Vater und Onkel haben schon ein Konsulat inne und damit eine repräsentative Funktion. Thomas selbst strebt jedoch das Senatorenamt an und gehört schließlich zum engsten Kreis der politischen Führung des Stadtstaates.

Gesellschaftsporträt als Gesellschaftskritik (Die Gesellschaft Lübecks in *Buddenbrooks*)

Regression des traditionellen Kaufmannsstandes

Der Roman spielt über weite Strecken in der gesellschaftlichen Oberschicht. Die Akteure sind v. a. Angehörige des Kaufmannsstandes. Dieser wird – mit Ausnahme der Familie Hagenström – in einem Prozess des Niedergangs und einer gewissen Apathie porträtiert. Innovationen gegenüber ist man skeptisch, wie etwa die Debatte um den Beitritt zum Zollverein und die Eisenbahnlinie nach Hamburg (39, 361) zeigt; in dieser Debatte nimmt Thomas noch eine betont fortschrittliche und dynamische Position ein, kann sich aber nicht durchsetzen.

Man ist stolz auf die politische Eigenständigkeit und auf die Tradition der alten Hansestadt. Dass die Kaufleute zum Teil miteinander versippt und verschwägert sind, zeigt, dass es keinen wesentlichen geistigen und personellen Austausch über die engen Grenzen des Stadtstaats hinweg gegeben hat. Selbst in den Ferien trifft man sich in Travemünde und bleibt weitgehend unter sich. Insgesamt scheint sich die bessere Gesellschaft der Stadt vorwiegend um sich selbst zu drehen.

Selbstbezogenheit

Mit der schwindenden Bedeutung der Stadt hat man sich entweder abgefunden oder man ignoriert sie. Einige der Kaufleute, so Justus Kröger oder Konsul Döhlmann, liquidieren, um fortan ein angenehmes Leben als Rentier oder „Suitier" führen zu können.

Das Verhältnis zum Volk ist gutmütig-patriarchalisch. Dennoch achtet man zugleich auf den gebührenden Abstand zum gemeinen Volk. Dass ein solch vergleichsweise harmloser Aufstand wie der der Lübecker Arbeiter beim alten Kröger zum Herzinfarkt führt, verdeutlicht, wie groß der Abstand zwischen Oberschicht und Volk ist. Wie **rückständig und im Kern realitätsfremd** das Denken der Familie Buddenbrook ist, zeigt sich z. B. anlässlich der Verlobung Tonys mit Morten Schwarzkopf: Es ist unter der Würde der Familie und indiskutabel, dass Tony einen angehenden Arzt aus einfachen Verhältnissen heiratet. – Tony selbst wiederum wächst schon von Beginn an mit dem Selbstverständnis einer „Tochter aus besserem Hause" auf und trägt dieses noch demonstrativ zur Schau, als die Buddenbrooks bereits vollständig abgewirtschaftet haben. Diese Differenz zwischen Wahrnehmung und Realität kann als repräsentativ für die gesamte Lübecker Gesellschaft, wie sie im Roman dargestellt wird, gelten.

Vom Zeitgeist überholt

Kein Revolutions-Enthusiasmus

Aus dieser insgesamt kritischen Haltung jedoch eine plebejische Tendenz des Romans abzuleiten, wäre falsch. Revolutionsbegeisterung wird in Gestalt des Maklers Gosch karikiert (180 f.), und auch Morten Schwarzkopfs Brandreden gegen die monarchisch-überkommene Gesellschaft haftet etwas erkennbar Jugendlich-Unreifes an, gegen das selbst die intellektuell eher unbedarfte Tony abgeklärt wirkt (136–140).

Gesellschaftskritik in Form der Darstellung von Hannos Schultag

Schule ist zu allen Zeiten mehr als eine reine Institution zur Vermittlung von Wissen gewesen. Stets stehen auch gesellschaftliche Anforderungen und moralische Werte mit auf dem „heimlichen Lehrplan". In *Buddenbrooks* spielt die Schule eine überragende Rolle im Bericht von Hannos Schultag. Mit einem Umfang von ca. 40 Seiten ist dies der am stärksten einheitliche Block im gesamten Roman, was unter dem Gesichtspunkt der „drohende(n) Verselbständigung ... im Rahmen des Verfallsromans"[23] auch kritisch betrachtet wurde.

Bereits Hannos Vorbereitungen am Morgen zeigen, dass mehr als eine bloße Unlust, wie sie jedem bekannt ist, vorliegt. Zwar steht er noch unter der Wirkung einer am Vorabend erlebten Wagner-Aufführung, doch ist sein Verhalten geradezu panisch (704).

Schule als institutionalisierter Drill

In der Schule angekommen, unternimmt Hanno mit seinem Freund Kai alles, um die Konfrontation mit der Institution so weit wie möglich hinauszuzögern (708–710). Das Pandämonium der Lehrer, das nun im Takt der Stunden und Pausen am Leser vorbeizieht, offenbart einen vernichtenden Einblick in die Institution. Der Religionslehrer Ballerstedt erscheint in gleicher Weise harmlos wie ohnmächtig (712 ff.), er belohnt bloßes Wohlverhalten, am

23 Ebd., S. 106

Stoff interessieren ihn Äußerlichkeiten, nicht Inhalte (715), seine eigenen Lehrvorträge sind von einschläfernder Wirkung (716). – Der Direktor, Doktor Wulicke, erscheint als Inkarnation des preußischen Gymnasiums (722 f.) – Doktor Mantelsack, der Lateinlehrer, ist launisch und willkürlich (725), bevorzugt Lieblingsschüler (726) und ist schlicht ignorant, wenn er ausgerechnet Hanno als „amusisches Geschöpf" bezeichnet (730). – Dr. Marotzke ist mit seiner Mischung aus Tiefsinn und Militarismus verschroben zu nennen (734 f.), erfüllt aber als Beamter und Militarist die besten Voraussetzungen für ein Fortkommen an der Schule (735). – Der Referendar Modersohn, der die Klasse in Englisch unterrichtet, ist anscheinend noch nicht lange genug in der Institution, um zu bestehen. In einer chaotischen Unterrichtsstunde vom Direktor unterbrochen, muss er sich einer spontanen Lehrprobe unterwerfen, die ihn quasi auf eine Stufe mit den Schülern stellt. Er ist schwach, versucht die Schüler durch Weichheit zu korrumpieren, was nicht gelingt. Gerade seine Schwäche macht ihn unberechenbar und gefährlich, was letztlich zu Hannos Untergang führt. – Der Geografie-Lehrer Dr. Mühsam passt mit seinem ebenso kränklichen wie geistreichen und ironischem Wesen nicht recht in das Kollegium; die Schüler werden nicht ganz schlau aus ihm und hinter seinem zynischen, selbstironischen Wesen versteckt er Resignation (744 f.).

Quälerei für (manche) Lehrer und Schüler

Erziehung zu Anpassung oder Rücksichtslosigkeit

Den Lehrern entspricht das Objekt ihrer Erziehung, der Schüler: Es bleibt die Wahl zwischen anpasserischem Strebertum (sodass sich selbst die Lehrer kaum noch trauen, den Klassenprimus etwas zu fragen) und rauer Unbekümmertheit (712), die sich auch in der Rohheit der Schüler untereinander zeigt (719). Wenn sie etwas lernen, dann, dass man mit Durchmogeln und Betrügen, mit Rücksichtslosigkeit und einer gewissen Portion Verlogenheit offenbar am besten zum Ziel kommt. Eine sensible und obendrein sich minderwertig fühlende Person wie Hanno Buddenbrook, „Ich bin gar nichts und kann gar nichts" (710), ist in diesem System zum Untergang verurteilt.

Es ist – selbst unter Einbeziehung satirischer Übertreibung – ein insgesamt abschreckendes Bild, das der Roman von der Schule und damit von der sie tragenden Gesellschaft gibt. Die Lehrer verfügen über keinerlei pädagogisches Ethos, ein positives Verhältnis zum Schüler kommt nicht vor. Dient das Gymnasium äußerlich dem Ziel der „Reproduktion ... der bürokratischen und naturwissenschaftlichen Eliten"[24] und ist der Weg dorthin die Kombination von Disziplinierung und Selektion, so scheint die Schule damit „nicht nur ihr neuhumanistisches Bildungsstreben, sondern auch das Ziel der effektiven Kenntnisvermittlung aus dem Auge verloren zu haben"[25]. Dass aber eine **Gesellschaft, in der bloße Anpassung, aber kein eigenständiges Denken, kein Weltwissen und seine Anwendung vermittelt wird,** nicht in der Lage ist, auf die Anforderungen des Lebens angemessen zu reagieren, darin besteht der gesellschaftskritische Kern der Schulsatire in *Buddenbrooks*.

Kunst und Künstler im Verhältnis zur Realität

Hauptgegenstand im Hause Buddenbrook, dem sich alles unterzuordnen hat, ist das Geschäft. Dennoch spielt – nicht erst mit dem Leben und Sterben Hannos – die Kunst eine wichtige Rolle in der Familiengeschichte. Das Verhältnis von Kunst und Realität im Roman soll an einigen Thesen erklärt werden:

---

24 Ebd., S. 104
25 Ebd.

Kunst und Künstler stehen generell unter einem Vorbehalt

Der Künstler als Inbegriff des Unseriösen

Bei Christian Buddenbrook gehen von Beginn an Schrulligkeit, Hypochondrie und ein Hang zur Kunst Hand in Hand. Seine Liebe zum Theater erweist sich jedoch rasch als vordergründig und eher als Zuneigung zu einigen Schauspielerinnen. Diese werden von der Familie mit Misstrauen begleitet: Der Beruf des Schauspielers stand im Bürgertum stets unter dem Vorbehalt des Unseriösen und Falschen; besonders Schauspielerinnen wurden, bewusst ihre Reize einsetzend, in die Nähe von Prostituierten gerückt. So erklärt sich die entsetzte Reaktion der Familie auf Christians Vorlieben.

Die „Kunst", die Christian selbst ausübt, ist dilettantisch und entbehrt jeder Ernsthaftigkeit. Seine Schauspielerei hat rein karikierenden Charakter, beruht auf spontanen Einfällen, nicht auf Übung, erschöpft sich schnell (539) und entfaltet bei der Familie lediglich eine besorgte bzw. entsetzte Reaktion (263 f.).

Sofern Kunst in der Familie ausgeübt wird, dient sie bestimmten Zwecken

Zweckbestimmte Kunst

Der alte Johann Buddenbrook spielt Flöte, seine Schwiegertochter begleitet ihm am Harmonium (36), doch nie kommt dieser Beschäftigung eine besondere Bedeutung zu; man spielt ein Musikinstrument, weil dies zum Kanon bildungsbürgerlichen Verhaltens gehört. Der Musik kommt allenfalls die Funktion eines Ausgleichs zum Geschäftsleben zu. Ähnliches gilt für die Dichtkunst. Das Gedicht des „Hauspoeten" Hoffstede ist für die besondere Situation der Hauseinweihung verfasst (32), es handelt sich also um eine situations- und zweckgebundene Form von Kunst.

Auch beim Konsul und für Thomas hat **Kunst lediglich kompensatorische oder eine rein äußerliche Funktion.** Ironischerweise ist Thomas zugleich ‚Künstler wider Willen'. Sein Ästhetizismus, sein Kult um makelloses Erscheinen verschafft ihm „das

Befriedigungs- und Bereitschaftsgefühl, mit dem ein Schauspieler, der seine Maske vollendet hergestellt hat, sich zur Bühne begibt" (614), er wird ein Schauspieler seiner selbst. Die Kunst hat hier – unfreiwillig – eine enthüllende Funktion.

Kunst steht im Gegensatz zur Realität des Lebens

Kunst als trennendes Kriterium

Die Musik wird zu einem Gegenstand der Entfremdung zwischen Thomas und Gerda Buddenbrook. Erscheint sie ihm zunächst nur als „eine reizvolle Beigabe mehr zu ihrem eigenartigen Wesen" (509), erkennt er sie alsbald als „feindliche() Macht", die sich zwischen ihn einerseits und Hanno und Gerda andererseits stellt. Was ihn von seiner Frau trennt, „die Leidenschaft der Musik" (ebd.), verbindet Gerda mit ihrem Liebhaber. Für Thomas steht die Kunst, sobald sie nicht mehr eigenen Zwecken unterworfen ist, damit in einem Gegensatz zum Leben, wie er es ansieht.

Kunst als Trennung von der bürgerlichen Gesellschaft

Für Hanno dreht sich das Verhältnis von Realität und Kunst im Vergleich zu seinen Vorfahren erstmals um; die Kunst wird ins Zentrum gerückt. Zugleich wird das Verhältnis von ‚wahrem' Künstler und Gesellschaft deutlich: Der Künstler steht über der unverständigen Menge und weiß sich über diese erhaben. Doch ist er in dieser Absonderung der Realität entfremdet. Damit bleibt der Gegensatz von Kunst und Realität problematisch, weil sie **den Künstler von seinen Mitmenschen isoliert.**

Unbedingte Hingabe an die Kunst ist Mittel zur Selbstverwirklichung und Selbstauflösung

Hannos eigenes Klavierspiel ist ein freies Fantasieren. Zwei kurze „Kompositionen" wird er im Laufe seines Lebens zur Aufführung bringen. Ihre Wirkung ist zwiespältig. Auf das künstlerische Subjekt wirken sie befreiend und entgrenzend (748 ff.) und stellen ein **Mittel** dar, **seine Gefühle zum Ausdruck zu bringen**

(506 f.). Doch bezeichnet der Erzähler dieses Fantasieren auch als etwas „Banales", „Stumpfsinniges", „kindisch" (750), was neben der Faszination auch Distanz ausdrückt. Letztlich ist die Kunst für Hanno aber ein Ersatz für Kommunikation, mit dem er seine Mitmenschen nicht mehr erreicht: „Es war unmöglich, dass die Wirkung, die dieses Spiel auf Hanno selbst ausübte, sich auch auf die Zuschauer erstreckte." (507)

Kunst als Kommunikationsersatz

Somit ist die Musik für den letzten Buddenbrook ein Mittel zur Selbstverwirklichung und zur Selbstauflösung zugleich.

4. REZEPTIONSGESCHICHTE

ZUSAMMEN-FASSUNG

Nach **zunächst schleppendem Verkauf** ab 1901 wurde *Buddenbrooks* im Verlauf der Jahre zu einem Erfolg, bis **1929** die internationale Anerkennung durch den **Nobelpreis für Literatur** erfolgte. (Es war einer der ganz wenigen Literatur-Nobelpreise, die für ein Einzelwerk verliehen wurden.)
Die Literaturkritik stellt folgende Aspekte in den Mittelpunkt der Betrachtung:

- → die Zeitlosigkeit des Werks (Inhalt),
- → die Stofffülle und Darstellungskraft (Sprache und Stil).

Gero von Wilpert weist im *Buddenbrooks-Handbuch* darauf hin, dass „(d)ie Rezeptions- und Wirkungsgeschichte der *Buddenbrooks* noch ungeschrieben (ist)“[26]. In Form einer Übersicht soll der Weg der *Buddenbrooks* zu einem modernen Klassiker aufgezeigt werden. In einem zweiten Schritt werden Auszüge aus Rezensionen aufzeigen, wie *Buddenbrooks* von der zeitgenössischen Literaturkritik aufgenommen wurde, bis „mit dem Jahr 1904 die erste und entscheidende Phase der literaturkritischen Rezeption der *Buddenbrooks* in der Presse als abgeschlossen gelten (kann)“[27].

26 K. Moulden, G. v. Wilpert, *Buddenbrooks-Handbuch*, Stuttgart 1988, S. 319
27 Ebd., S. 328

Der Weg der *Buddenbrooks* zum Klassiker[28]

Oktober 1901	Erstauflage im S. Fischer Verlag, Frankfurt/Main (2 Bände): 1000 Ex.; Verkauf während eines Jahres
1903	Zweite Auflage, einbändig, halber Verkaufspreis; rascher Absatz von 2000 Ex., verschiedene Nachdrucke
1911	Die Auflage erreicht 60.000 Exemplare.
1918	Über 100.000 Exemplare verkauft
1929	185.000 Exemplare verkauft; nach Verleihung des Literaturnobelpreises Druck einer sog. Volksausgabe, unter dem Eindruck des Literaturnobelpreises enormer Absatz, zunächst 150.000 Exemplare, dann Fortführung mit jeweils 50.000 Exemplaren
bis 1933	1.165.000 Exemplare verkauft
1933–1945	Weitgehendes Verbot der Schriften Thomas Manns durch die Nationalsozialisten (vgl. u.)
2010	9 Millionen Exemplare verkauft

(Die angegebenen Exemplare beziehen sich rein auf deutschsprachige Ausgaben.)

Verkaufsgeschichte

Für heutige Verhältnisse hat der Roman einen eher zögerlichen Verkaufsstart gehabt: Thomas Mann war 1901 noch ein weitgehend unbekannter Autor, und *Buddenbrooks* ist ein sehr umfangreiches Buch. Deutlich wird, dass die Umstellung von zwei Bänden auf einen Band und eine produktionsbedingte Preissenkung den Verkauf stark beförderten. Der kontinuierliche Verkauf, in den Zwanzigerjahren wurden ca. 7.700 Exemplare jährlich abgesetzt, zeigt, dass der zeitübergreifende Charakter des Romans erfasst wurde. In noch stärkerem Maße gilt das für die Volksausgabe, de-

---

28 Nach K. Moulden, G. v. Wilpert, *Buddenbrooks-Handbuch*, 319 f.

ren Erscheinen mit der Verleihung des Nobelpreises zusammenfiel, so dass die Absicht der Nationalsozialisten, „einen Millionenerfolg durch Totschweigen zu verdrängen"[29], vor allem von deren Selbstüberschätzung zeugt.

Die Aufnahme der *Buddenbrooks* in der zeitgenössischen Literaturkritik

Kritik an der Umständlichkeit

„Die Kritik verglich den Roman mit einem im Sande mahlenden Lastwagen"[30], erinnert sich Thomas Mann 25 Jahre nach Erscheinen des Romans. Kritische Einwände richteten sich vor allem gegen „die mangelnde Unabhängigkeit vom Stoff, die Umständlichkeit der Details und die gedehnte Zeitstruktur (A. Aloesser)"[31].

Lobende Wertung der Zeitlosigkeit

Kurt **Martens**, selbst Schriftsteller, erkennt früh den zeitlosen Gehalt des Werkes. Er hebt lobend die Lebendigkeit der Schilderungen und Figuren hervor, die er auf das durchaus nicht nur autobiografisch verstandene Mit-Erleben des Verfassers zurückführt. Das deutet wiederum in Richtung Naturalismus (vgl. o.), wenngleich Martens dessen spezifische Absichten nicht erwähnt.

> „Der Roman *Buddenbrooks* nun erfüllt alle Erwartungen, die sich an den jungen Autor knüpften, im weitesten Maße und was das Erfreulichste ist, er gibt die Zuversicht, dass Thomas Mann niemals Romanfabrikant, niemals einer jener talentvollen Vielschreiber werden wird, die schließlich zum Durchleben ihrer Stoffe keine Zeit mehr finden. Seine Figuren, seine Situationen, die alltäglichen Vorgänge, die er schildert, an sich unbedeutend und gleichgültig, gewinnen einen eigenartigen Reiz nur

---

29 Ebd. S. 231
30 Thomas Mann, *Lübeck als geistige Lebensform*, in: ders.:*Selbstkommentare ‚Buddenbrooks'*, Frankfurt a. M. 1990, S. 67
31 K. Moulden, G. v. Wilpert, *Buddenbrooks-Handbuch*, S. 326

dadurch, dass sie für einen Dichter, dass sie gerade für Thomas Mann zum inbrünstigen Erlebnis wurden. Ohne dieses Erlebnis wären sie gar nicht denkbar, weil sie ein Dasein nur durch das Auge ihres Schöpfers führen. Andererseits unterscheidet sich Thomas Mann auch von den Anfängern, die wohl vieles wollen und unklar fühlen, aber nicht gestalten können, durch eine reife, sichere Technik, durch Kraft der Zeichnung und Farbe, durch verblüffende Anschaulichkeit und lebhaften Vortrag, namentlich auch durch einen echt epischen Stil, der reich ist ohne Schwulst, originell ohne Absicht, kunstvoll ohne Künstelei. ...
Die Menschen charakterisiert er nicht sowohl durch Analyse ihrer Natur oder ihrer Willensimpulse als vielmehr induktiv durch eine Reihe immer markanterer Einzelzüge, etwa kleiner Tagesbedürfnisse, Angewohnheiten, stereotyper Redensarten, derart, dass auch der Blick des Lesers von außen her allmählich immer tiefer nach innen dringt. Nur bei der komplizierten Seele des kleinen Hanno arbeitet Thomas Mann mit allen verfügbaren Mitteln und erweist sich darin als ein Psychologe ersten Ranges."[32]

Gleichwohl bemängelt **Martens** Details der Komposition und eine gewisse ‚weltanschauliche Schwäche' des Romans.

„Die Mängel, die den Roman zu universaler Bedeutung nicht gelangen lassen – sprunghafte Entwicklung der Vorgänge, eine gewisse Ideen-Armut, Kraft- und Ratlosigkeit der Weltanschauung – können ihren Grund in dem gewählten Stoffe haben; ob sie dem Verfasser selbst dauernd anhaften, bleibt abzuwarten

---

32 Zitiert nach Rudolf Wolff (Hrsg.), *Thomas Manns ‚Buddenbrooks' und ihre Wirkung*, 2 Bde. Bonn 1986, Band I, S. 15

bis zu seinem nächsten Werke." (Rezension in: *Das literarische Echo*, 4. Jahrg., H. 6, Berlin 1901, S. 380–383)[33]

Dass es dem Verfasser möglicherweise gerade darauf ankam, keine „Weltanschauung" zu transportieren, die etwa dem Verfall, der Dekadenz, entgegenzusetzen wäre, zieht der Rezensent nicht in Betracht.

Modernität

Das wiederum spürt ein anderer – prominenter – Rezensent sehr genau: Rainer Maria **Rilke** (Rezension in: *Bremer Tageblatt*, Nr. 88 vom 16. April 1902). In der berichtmäßigen Neutralität erkennt er zutreffend die charakteristische Modernität der *Buddenbrooks*. Gerade dadurch, dass sich der Roman nicht mittels einer Weltanschauung über seine Figuren erhebt, wird er ihnen gerecht. Man mag das bei der Lektüre an manchen Stellen gegenüber den Figuren als gnadenlos und hart empfinden – für Rilke (dem Thomas Mann im Übrigen nie persönlich begegnet ist) ist diese Erzählhaltung ein Akt der Ehrfurcht vor der Realität:

„Er hat beides in überaus glücklicher Weise vereint, indem er die Rolle des Chronisten modern aufgefasst hat und sich bemüht hat, nicht einige hervorragende Daten zu verzeichnen, sondern alles scheinbar Unwichtige und Geringe, tausend Einzelheiten und Details gewissenhaft anzuführen, weil schließlich alles Tatsächliche seinen Wert hat und ein winziges Stück von jenem Leben ist, das zu schildern er sich vorgenommen hatte. Und auf diese Weise, durch diese herzliche Versenkung in die einzelnen Vorgänge, durch die große Gerechtigkeit gegen alles Geschehen erreicht er eine Lebendigkeit der Darstellung, die

---

33 Zitiert nach Rudolf Wolff (Hrsg.), *Thomas Manns ‚Buddenbrooks' und ihre Wirkung*, 2 Bde. Bonn 1986, Band I, S. 19

> nicht so sehr im Stoffe, als vielmehr im fortwährenden Stofflichwerden aller Dinge liegt. ...
> Und neben der kolossalen Arbeit und dem dichterischen Schauen ist diese vornehme Objektivität zu loben; es ist ein Buch ganz ohne Überhebung des Schriftstellers. Ein Akt der Ehrfurcht vor dem Leben, welches gut und gerecht ist, indem es geschieht.“[34]

Der Literaturwissenschaftler H. **Meyer-Benfey** (in: *Beilage zur Allgemeinen Zeitung* vom 22. März 1904) widmet sich ebenfalls der spezifischen Modernität der *Buddenbrooks*, wobei er das Werk von der vorangegangenen epischen Dichtung abgrenzt. Wenn er das Unheroische, Gewöhnliche der Figuren betont, hat er einerseits Recht – positive oder tragische Helden im traditionellen Sinn werden nicht vorgeführt. Ob es sich bei den Angehörigen der Familie aber um ganz normale Alltagsmenschen handelt, kann auch infrage gestellt werden. Darüber hinaus würdigt Meyer-Benfey die *Buddenbrooks* zutreffend als literarische Verarbeitung der Dekadenz. Das schwer Fassbare des Verfallsprozesses, den bereits Rilke als „Leben, welches gut und gerecht ist, indem es geschieht“ beschrieben hat, deutet er als naturnotwendigen Prozess – eine Auffassung, die durch das scheinbar Zwangsläufige des Handlungsablaufs bestätigt wird und zugleich ‚positiven Denkern‘ Schwierigkeiten bereitet haben mag.

> „Was die *Buddenbrooks* indes von den Epen der Vorzeit aufs Bestimmteste unterscheidet und zu einer echt modernen Dichtung stempelt, ist zweierlei: dass die einzelnen Gestalten, die in ihr auftreten, nie ins Heroische gesteigert, ‚idealisiert‘ oder auch nur als etwas Besonderes, als hervorragende und interes-

---

34 Zitiert nach Wolff, S. 22 f.

> sante Menschen hingestellt sind; es sind vielmehr ausnahmslos gewöhnliche Alltagsmenschen, die das Durchschnittsmaß nach keiner Richtung merklich überschreiten, alle voll ausgeprägte Individualitäten, wie die Natur sie schafft, und darum ebenso unbedingt wahr, natürlich und lebendig, aber nicht Persönlichkeiten, kurz Gestalten, die nur der vollendeten und innerlich gefühlten Kunst des Dichters unsere Teilnahme verdanken. Und zweitens, dass der Verfall dieser Familie sich rein von innen heraus vollzieht, nicht durch das Walten geheimnisvoller Mächte oder eines weltbewegenden Geschickes, sondern aus vitaler Schwäche, daher auch allmählich und unauffällig, ohne die Glorie einer großen, ruhmvollen Katastrophe. Es ist einfach der natürliche Prozess des Alterns und Absterbens, dem Familien und Gemeinschaften wie die Einzelnen unterliegen. Und seine Erscheinungen sind die allgemeinen aller Dekadenz: fortschreitende Verfeinerung und Differenzierung, Ausbildung der abgleitenden und spezialisierten Vorgänge des seelischen Lebens auf Kosten der einfachen, primitiven, zentralen Lebensenergie."[35]

Verteidigung der Detailfülle

Mit dem Vorwurf der Langatmigkeit und übergroßen Detailfülle setzte sich der Berliner Kritiker und Essayist Samuel **Lublinski** (im *Berliner Tageblatt* vom 13. 9. 1902) auseinander. Er verteidigt die Form der Chronik und würdigt die spezifische Leistung Thomas Manns, Stofffülle und Darstellungskraft miteinander vereinbart zu haben. Zugleich würdigt er die bewusste Gestaltung durch den Autor und rückt damit *Buddenbrooks* auf Distanz zu einem vereinfacht verstandenen Naturalismus. Möglicherweise ist auch das der Grund dafür, dass Lublinski als erster Rezensent die kommende Klassizität der *Buddenbrooks* erfasst und zum Ausdruck gebracht hat.

---

35 Zitiert nach ebd., S 32

„Man riet dem Verfasser, straffer zu komponieren – als ob es nicht eine bewunderungswürdige Kompositionskunst wäre, einen so gewaltigen Zeitraum in zwei Bänden organisch einzufangen. Man riet ihm, mehr den Dialog zu pflegen, obgleich sich in dem Buch genug Dialogpartien von wundervoller Feinheit finden, deren unheimliche Schlagkraft in das innerste Herz zu zielen weiß. Manche gar, immer in Verblüffung über die ungewöhnliche Form, glaubten, dass das Talent des Verfassers durch die Masse erdrückt worden wäre, während sich doch gerade im letzten Band die Beweise für eine zugleich minuziöse und gewaltige Darstellungskraft häufen. Nein, der Verfasser hat mit voller Absicht die Chronikform gewählt.
Denn das Leben ist etwas ungeheuer Einförmiges und zugleich Erschütterndes, ein immer gleicher Kreislauf trotz des Wechsels der Generationen – immer dasselbe. Einem solchen im Grund tief traurigen Weltgefühl entspricht zweifellos am besten der immer gleiche Tonfall einer Chronik, die aber von der Hand dieses starken Künstlers verfeinert und im guten Sinn modernisiert wurde. Und darum eben, weil sich in den *Buddenbrooks* ein erlebtes und tief empfundenes Weltgefühl mit einer bewussten Kunst innig verbunden hat, deshalb bleibt dieser Roman ein unzerstörbares Buch. Er wird wachsen mit der Zeit und noch von vielen Generationen gelesen werden: eines jener Kunstwerke, die wirklich über den Tag und das Zeitalter erhaben sind, die nicht im Sturm mit sich fortreißen, aber mit sanfter Überredung allmählich und unwiderstehlich überwältigen."[36]

---

36 Zitiert nach Jochen Vogt, *Thomas Mann: ‚Buddenbrooks'*, München 2. Aufl. 1995, S. 148

5. MATERIALIEN

Mit einigen spezifischen zeitgenössischen Interpretationsansätzen befassen sich die folgenden Materialien. Dabei soll versucht werden, jeweils einen besonderen Aspekt herauszugreifen und in seinem besonderen Verständnis für die *Buddenbrooks* zu beleuchten.

Einfluss und Entwicklung familiärer Strukturen

Psychologischer, psychoanalytisch beeinflusster Roman

Im Rahmen einer Studie über *Familiendesaster in der Literatur* gibt der Schweizer Literaturwissenschaftler Peter **von Matt** eine Deutung, die von der **Psychoanalyse** beeinflusst ist. Ihn beschäftigen die Rolle der Familie und die familiären Strukturen. So nimmt die Familie beinahe die Rolle des „Über-Ich" im Aufbau der psychischen Person ein. Entsprechen insbesondere Söhne dem Willen ihrer Väter nicht – wie im Roman Hanno dem Willen von Thomas –, kommt es im übertragenen Sinn zu einem „Gericht" des Vaters über den Sohn. Eine zusätzliche Tragik bekommt dieses „Gericht", wenn, wie im Falle von Thomas Buddenbrook, der Vater im Sohn einen Teil von sich selbst richtet.

Die Familie als Über-Ich, der Einzelne unfrei

„Bei Thomas Mann ist die Einrichtung (das gesellschaftliche Regelsystem, T. B.) selber in Bewegung geraten. Die gelebte oder zeitweilig zugelassene Leidenschaft lässt nicht nur den einzelnen Mann, die einzelne Frau über die Klinge springen, sondern durchdringt das ganze soziale Feld. Thomas Mann setzt für dieses die Familie, als Organismus über Generationen hin. Daran partizipieren die Einzelnen dergestalt, dass die herkömmlichen Grenzen des Subjekts, besser: die fiktiven Grenzen des herkömmlichen Subjektbegriffs, sich auflösen und der Einzelne ebenso sehr bloßer Teil einer kollektiven Individualität ist wie autonomes Individuum. Sein Schicksal ist als ein partielles determiniert durch das übergreifende der – in diesem Falle langsam sterbenden – Familie. Mann und Frau als freie Subjekte, die sich für einander entscheiden, vollziehen ahnungslos einen höheren Willen, der ihnen, bestenfalls, eines Tages dunkel dämmert. So holt sich der vorletzte Buddenbrook, Thomas, die Frau ins Haus, die Mutter des letzten, des rauschhaft versagenden, gequält verendenden Jungen Hanno. Der hat seinem Missraten und Verkommen gegenüber wahrhaft keine Chance. Da wäre jede Moral nur noch lächerlich. Als Thomas Buddenbrook den Sohn verwirft, ihn aufgibt und endgültig darauf verzichtet, in ihm den lebenstüchtigen, arbeitslustigen, vergnügt in einem kräftigen Leibe wohnenden Erben zu sehen, da steht dieses Urteil sowohl auf der uralten Linie des familialen Gerichts der Väter, die über die Jungen den Stab brechen, als auch wieder ganz außerhalb davon. Außerhalb insofern nämlich, als dieser Vater im Sohn das eigene Wesen wittert und die Zweifelhaftigkeit der Grenzen zwischen ihm und sich selber spürt. Dennoch ist der Verwerfungsakt im 5. Kapitel des 10. Teils schrecklich in seiner fast biblischen Einfachheit: ‚Und Thomas Buddenbrook wandte sich enttäuscht und hoffnungslos von seinem einzigen Sohne, in dem er stark und verjüngt fortzuleben gehofft hatte.' ...

Im Akt des familialen Gerichts wird sie zum dramatischen Ereignis. Noch einmal stellt sich hier der Vater als geschlossene Person seinem Sohn gegenüber, prüft und bemisst ihn nach dem höchsten Wert, der ‚Lebenstüchtigkeit', und verwirft ihn. Gleich darauf aber entdeckt sich dieser Urteilsakt selbst als Täuschung. Er ist Teil des großen Verblendungszusammenhangs, in dem die kategoriale Differenz zwischen dem ‚Vater' und dem ‚Sohn' eine zentrale Illusion ausmacht, jenen ‚armseligen Wahn' nämlich, ‚ich sei nicht sowohl er wie ich ... '"[37]

---

37 Peter von Matt, *Verkommene Söhne, missratene Töchter. Familiendesaster in der Literatur*, München 1995, S. 242–244

Buddenbrooks als Vorbote des sozialistischen Humanismus?

Die gesellschaftspolitische Dimension stellt die **marxistische Literaturwissenschaft** in den Vordergrund. Thomas Mann, so heißt es etwa in einem Beitrag der DDR-Literaturwissenschaft, sei „*Repräsentant* unseres Zeitalters, des Zeitalters des Übergangs vom Kapitalismus zum Sozialismus“[38].

Ende des Bürgertums als gesellschaftlicher Klasse

Hannos Tod wird, stellvertretend für die bürgerliche Gesellschaft, als Ende aller Tradition gewertet. Thomas Mann wird so zu einem Vertreter der Ideologiekritik und eines neuen Humanismus. Wenn das bürgerliche, ‚dekadente' Prinzip ans Ende gekommen ist, tritt dem Gesetz der Klassenkämpfe zufolge das Schöpferische an seine Stelle. Mit dieser Verklärung des Schöpferischen wird Thomas Mann fast zu einer Art Vertreter der Aufbauliteratur. So wird versucht, eine Kontinuität zur Sowjetunion herzustellen; zwar habe Thomas Mann keine positiven Visionen im Sinne des Sozialismus entwickelt, aber Vorstellungen vom Ende des Alten gehabt. – In diesem Verständnis wird *Buddenbrooks* zu einem Zeugnis des Endes der bürgerlichen Tradition.

„Thomas Mann beweinte den ‚entarteten' Bürger und tat dies auch wiederum nicht. Einerseits stellte er dar, wie dieser Bürger in der Periode des Imperialismus im gesellschaftlichen Bereich durch ungebildete und gaunerhafte Emporkömmlinge ersetzt wird. Andererseits aber sah er eine gewisse Zuflucht für das Bürgerliche im Artifiziellen ... Die Entwicklung geriet gleichsam in eine Sackgasse. ...

———

38 Helmut Brandt u. Hans Kaufmann: *Werk und Wirkung Thomas Manns in unserer Epoche. Ein internationaler Dialog*, Berlin/Weimar 1978, S. 30

Bekanntlich war auch Thomas Mann nicht immun gegenüber pessimistischen, ja sogar immoralistischen Doktrinen. Als begeisterter Verehrer der deutschen Klassik wählte er nichtsdestoweniger Schopenhauer und Nietzsche zu seinen Wegbereitern und trennte sich lange nicht von ihnen. ... Thomas Mann veränderte sie auf seine humanistische Weise.

Humanismus – gerade dieser unterscheidet Thomas Mann von den Modernisten, die die Veränderungen verfluchten oder für sie beteten. Es ist aber sehr wesentlich, um was für eine Art von Humanismus es sich bei Thomas Mann handelt. ...

Hier (in den *Betrachtungen eines Unpolitischen*, T. B.) taucht möglicherweise zum ersten Mal bei Thomas Mann der Gedanke an einen ‚neuen Humanismus' auf, einen Humanismus, der den überlebten bürgerlichen ablösen sollte. Dekadente und Modernisten sahen vor sich nur Ruinen. Thomas Mann vertraute dagegen dem Schöpferischen. Man könnte meinen, nicht ohne Bezug darauf, dass das Jahr 1920 vor der Tür stand, das vierte Jahr seit Bestehen des Sowjetlandes (übrigens gehörte der Schriftsteller noch drei Jahre danach dem Vorstand der soeben erst gegründeten ‚Gesellschaft der Freunde des neuen Russland' an). Thomas Manns Ideal des Künftigen war natürlich verschwommen, geprägt wurde es nur von der Unähnlichkeit gegenüber dem, was der Vergangenheit angehörte."[39]

Die politische Dimension des Künstlertums

Der Künstler als Gegenbild zur bürgerlichen Gesellschaft

Soziologisch orientiert, verweist Stefan **Heiner** ebenfalls auf den politischen Aspekt des Künstlertums. Die im Bürgertum marginale Rolle von Kunst und Kultur (Repräsentation und Unterhaltung, vgl.

---

39 Ebd., S. 30–33

o.) bringt den Künstler in einen unauflösbaren Widerspruch zur Gesellschaft. Hannos Tod wird so zu einem Akt des Widerstands gegen das Bürgertum und seine Werte. Jedoch dürfte es schwierig sein, Hannos Sterben einen „aktiven Charakter“ beizumessen.

„Das Leben, so wie es im Roman vorgestellt wird, auf den kalkulierten Egoismus, auf die Ausbeutung der Schwächeren und der Schwächen von Mitkonkurrenten gegründet, produziert unabänderlich Leid und Untergang derer, die sich ihm nicht anpassen können. Seine Gesetze, denen die Romanfiguren unerbittlich unterstellt sind, verlangen außer Ellenbogenstärke auch die kalkulierende, technische Intelligenz, wie sie der zwar schwächliche, aber streberische Hagenströmsohn aufbringt. Mit der Sensibilität und der kritischen Intelligenz eines Thomas und Hanno Buddenbrook lassen sich im Leben keine Erfolge erzielen. Wozu dient Kultur und kulturelle Betätigung in der im Roman geschilderten Gesellschaft? Sie hat ihren Reklame- und Prestigewert. Man dokumentiert mit ihr die erreichte gesellschaftliche Position nach außen. ... Im Gegensatz dazu geraten die einzelnen Mitglieder der Familie Buddenbrook von Generation zu Generation tiefer in den Widerstreit zwischen Lebensgesetz, das das Gesetz ihrer Herkunft und sozialen Position ist, und den Bedürfnissen ihrer geistig-kulturell verfeinerten Naturen, ihrem skrupulösen Selbstbewusstsein, den Erfahrungen und kritischen Einsichten, die sie von sich selbst und ihrer Umwelt gewinnen.

Das unvermittelte Aufeinanderstoßen der Welt des ‚Lebens‘ mit den Bedürfnissen des ‚Geistes‘ ... bringt jene Familienmitglieder, die sich der Widersprüche ihrer Existenz bewusst werden, in ein unauflösliches Dilemma ... (Hanno) wählt aus Einsicht in die Unauflösbarkeit des Widerspruches, in dem sein Leben zum gemeinen ‚Leben‘ steht, den Tod. Diese ‚Tat‘ Hannos ist die radikalste –

man muss aber auch hinzufügen: einzige – des Einspruchs gegen die bestehende Lebensordnung. ... Sie ist radikal und ohnmächtig zugleich ... zugleich auch die Bestätigung, dass die Gesetze des Lebens unerschütterbar sind. ..."[40]

Ironie

Ironie als Mittel der Distanzierung und Denunziation

Im Rahmen einer **stilkritischen** Untersuchung beleuchtet Peter-André **Alt** das Verfahren der Ironie als eine spezifische Erzählhaltung, die äußerlich eine Distanz zwischen Erzähler und Figuren ermöglicht. Innerlich, in der Romanhandlung selbst, konstatiert er einen Zusammenhang der Ironie mit dem ansteigenden Vitalitätsverlust in der Familie. In dem Maße, wie das Ich die Bindungen an die Tradition verliert und sich seiner selbst als autonomes Ich bewusst wird, kann es die Welt mit dem Mittel der Ironie be- und verurteilen. Für den Erzähler bietet die Ironie sogar die Möglichkeit zur Denunziation seiner Figuren. – Ob das in *Buddenbrooks* der Fall ist, erscheint aber fragwürdig, da man durch die Mitleidlosigkeit, die der Erzähler den Figuren entgegenbringt, allenfalls von einer „indirekten Denunziation" sprechen kann.

„Ironie bezeichnet ‚die Fähigkeit, schärfer und genauer zu beobachten und somit sich und der Krise den Spiegel vorzuhalten. Melancholie, abweisendes Danebenstehen und zur Schau getragene Gleichgültigkeit zeichnen den décadent aus und bestimmen ihn zugleich zur Selbstanalyse.' ...

Die Trennungslinie zwischen Innen und Außen, die das Ich vor der Wirklichkeit zu schützen hatte, wird nun mehr und mehr nach

---

40 Stefan Heiner, *Politische Aspekte im Werk Thomas Manns 1895–1918*, Berlin (Diss.) 1976, S. 10–13, 23

innen verlegt und entfernt es von jeder Gemeinschaft. Abstand sucht auch Ironie, deren Berührungsangst in verneinende Distanz führt. ... Ironie und Vitalitätsverlust bedingen sich offenbar: Erst wenn der Verfall der Lebenskräfte so weit fortgeschritten ist, dass er die Tendenz zu sich steigernder Selbstgewissheit auslöst, darf Ironie Gegenwärtiges verwerfen. ...

Die innere Distanz zum Dargestellten kennzeichnet jede ironische Wahrnehmung. Der Erzähler steht nie zu den von ihm geschaffenen Figuren, sondern denunziert diese, wo es ihm geboten scheint. ... Dem angekränkelten Selbstwertgefühl der Protagonisten steht eine gesammelte Übermacht des ironischen Erzählers entgegen. Seine begrenzende Sprache denunziert die eskapistischen Fantasien der Figuren und setzt sie überscharfer Beobachtung aus. Die oftmals von Th. Mann gewählte auktoriale Erzählhaltung lässt die Ohnmacht der Helden mitleidlos gegen scheinbar desinteressierte Kälte prallen."[41]

Buddenbrooks als Beschreibung heutiger Bindungslosigkeit (Aktualität)

Die **Aktualität** der *Buddenbrooks* prüft der Berliner Schriftsteller Volker **Kaminski**. Mit einem **rezeptionsästhetischen** Zugang vergleicht er die Wirkungsabsicht des Romans zur Zeit seines Erscheinens – vielleicht etwas einseitig auf das Karikaturistische beschränkt – mit heutigen gesellschaftlichen Verhältnissen. Bindungslosigkeit mündet letztlich in belanglose Unterhaltungskultur ein.

„Angesichts seiner bisweilen grausigen Komik und einer gewissen Lust am Untergang fällt es schwer, dieses Jahrhundertwerk, für das Thomas Mann 1929 den Nobelpreis erhielt, als eine kritisch

---

41 Peter-André Alt, *Ironie und Krise. Ironisches Erzählen als Form ästhetischer Wahrnehmung in Thomas Manns Der Zauberberg und Robert Musils Der Mann ohne Eigenschaften*, Frankfurt a. M./Bern/New York/Paris 1989, S. 34–36

gemeinte Warnung vor dem Verlust bürgerlicher Lebensformen und Werte zu verstehen. 100 Jahre nach Erscheinen ist der ‚Verfall' der Familie längst traurige Normalität geworden: Bei hohen Scheidungsraten, alleinerziehenden Müttern und Vätern sind Kinder, die mit ihren leiblichen Eltern und Geschwistern aufwachsen, schon fast in der Minderheit. Allerorten ratlose Erzieher, die vor Problemen wie Schulversagen und Gewaltbereitschaft der Kinder stehen. Überdies hat die rasante Entwicklung des Medienzeitalters dem Familienleben im traditionellen Sinn zumindest den vorletzten Todesstoß versetzt. Kaum Grund zur Schadenfreude. Heutige junge Romanciers setzen sich kritisch mit den Eltern aus der 68er-Generation auseinander und halten ihnen ihre Schwäche, Verantwortungslosigkeit und Selbstsucht vor. Der Mangel an Bindungen, Orientierungen und Halt wird von ihren – schreibenden – Kindern eher beklagt als spöttisch konstatiert.

Im kurzlebigen Trash-Zeitalter des beginnenden 21. Jahrhunderts scheint ‚ Verfall' als ein notwendiger Grundstoff für die große Recycling-Maschine unserer Unterhaltungskultur zu dienen. Ob unsere Zeit jedoch noch einmal Stoff zu einem solch epochalen Sittengemälde wie den *Buddenbrooks* liefern kann, bleibt fraglich."[42]

---

42 Volker Kaminski: *Großfamilie mit Verfallsdatum. „Dallas" in Lübeck: Die ‚Buddenbrooks' werden hundert*, in: ZITTY Nr. 12/2001, S. 54

6. PRÜFUNGSAUFGABEN MIT MUSTERLÖSUNGEN

Unter www.königserläuterungen.de/download finden Sie im Internet zwei weitere Aufgaben mit Musterlösungen.

Die Zahl der Sternchen bezeichnet das Anforderungsniveau der jeweiligen Aufgabe.

Aufgabe 1 ***

Die Buddenbrooks und das Leben
Vergleichen Sie die Reflexionen von Johann Buddenbrook sr. am Ende seines Lebens (S. 69–70) mit dem Schopenhauer-Erlebnis von Thomas Buddenbrook (S. 654–659).

Mögliche Lösung in knapper Fassung:

INTERPRETATION DER REFLEXION DES KONSULS: DISTANZ, ABER MIT SICH IM REINEN

Johann Buddenbrook sr.

→ erinnert sich am Sterbebett seiner zweiten Frau Antoinette der leidenschaftlichen Verzweiflung anlässlich des Todes seiner ersten Frau Josephine vor 46 Jahren. Allerdings gehört diese Leidenschaft der Vergangenheit an und wirkt nicht nur angesichts des zeitlichen Abstands von fast fünf Jahrzehnten wie aus einem anderen, früheren Leben. Mit seiner Frau Antoinette, von der er nun Abschied nimmt, hat er eine lange und im besten Sinne des Wortes vernünftige Ehe geführt;

→ erscheint sein eigenes Leben „fern und wunderlich" (S. 70), d. h. er geht auf Distanz zu seinem eigenen Leben im Allgemeinen, nimmt aber keine negative Haltung ein;

- → beurteilt sein Leben als „kurios" (ebd.): Es erscheint ihm merkwürdig und rätselhaft (S.70), dennoch scheint er mit sich selbst im Reinen. „Kurios" bezeichnet eher eine Art Fragezeichen, ein fragendes Erstaunen als eine Abwertung;
- → stirbt in dem Gefühl, das Rätsel des Lebens nicht gelöst zu haben, aber doch im Einverständnis mit seinem Leben;
- → geht insgesamt den Weg von der Leidenschaft zur Distanz, zum Abstand, wendet sich dem Rationalen zu, welches er mit dem abschließenden „kurios" zwar durchaus hinterfragt, aber nicht grundsätzlich in Frage stellt.

INTERPRETATION DES SCHOPENHAUER-ERLEBNISSES: ERKENNTNIS DES MANGELHAFTEN SEINS

Thomas Buddenbrooks Schopenhauer-Erlebnis:

Kontext: Entfremdung von seiner Frau Gerda, Enttäuschung über seinen Sohn Hanno, geschäftlicher Abstieg bei gleichzeitiger großer öffentlicher Bedeutung (Ansehen/Name, Senatorenamt). Insgesamt lebt Thomas in einem großen Missverhältnis zwischen Schein und Sein.

In dieser Situation kommt es zu einer halb zufälligen, halb gewollten Lektüre von Schopenhauers *Über den Tod und sein Verhältnis zur Unzerstörbarkeit unseres Wesens an sich* (Kapitel aus: *Die Welt als Wille und Vorstellung*). Thomas erscheint zu diesem Zeitpunkt das Leben „stark, grausam und höhnisch" (S. 654) und sieht den Einzelnen dazu verdammt, Leidender zu sein. Mit der Philosophie Schopenhauers empfindet Thomas die „Berechtigung ... an der Welt zu leiden" (ebd.), d. h. er findet eine Legitimation für sein grundsätzliches Lebensgefühl. Schopenhauers skeptizistische Vorstellung von der Welt als „schlechteste(r) aller Denkbaren" (ebd.) trifft Toms Überzeugung von der Sinnlosigkeit alles geschäftlichen und privaten Handelns.

Über diese Grundstimmung hinaus findet Thomas auch einen Ausweg aus dieser nihilistisch motivierten Lebenskrise. Aus einem rauschartigen Schlaf nach der Lektüre erwacht er mit der plötzlichen Erkenntnis: „Ich werde leben!" (S. 656), was für ihn bedeutet:

→ Der Tod wird sein Innerstes nicht zerstören, sondern nur die bisherige Bindung an die Selbsttäuschungen – Ehe, Familie, Tradition, Geschäft – aufheben.
→ Sein äußerliches, scheinbares Leben kommt ihm plötzlich als „unsäglich peinliche(r) Irrgang" (S. 657) und „beklagenswerter Unglücksfall" (ebd.) vor. Damit lehnt er das Leben, das er bisher geführt hat, als Verirrung, als Schein und der Auflösung bedürftig ab.
→ Ebenso löst sich die bisherige Vorstellung von „Individualität", von dem, „was man ist, kann und hat" (ebd.), also eine sehr den bürgerlichen Werten verhaftete Vorstellung, auf und erscheint ihm als „arm, grau, unzulänglich und langweilig" (ebd.). In dieser Fundamentalkritik bürgerlichen Lebens als unbedeutend und nichtig ist auch die Philosophie Nietzsches erkennbar.
→ Dem gegenüber steht die Liebe zu alldem, „was man aber nicht ist, nicht kann und nicht hat", freilich zunächst in einem ganz unbestimmten Sinn.
→ Nach der Desillusionierung über den Zustand seiner Ehe verabschiedet sich Thomas auch gänzlich von allen Hoffnungen, die er in seinen Sohn Hanno gesetzt hat, eine „noch ängstlichere, schwächere, schwankendere Persönlichkeit" (ebd.), als er selbst es ist.
→ Ein Fortleben erscheint ihm nur möglich im Bekenntnis zum reinen Ich. Diese Befreiung des Ich zu einer reinen, absoluten Persönlichkeit, die wiederum Züge von Nietzsches Philosophie des Übermenschen trägt, lässt Thomas sich erhaben über die Niedrigkeiten der Welt fühlen. In Bezug auf sich und sein bisheriges Leben kann er freilich nur Selbsthass empfinden.

→ Das Rauschhafte dieses Erlebnisses wird darin deutlich, dass er sich nicht nur von seinem Sohn und seiner Stadt löst, sondern geradezu von den ebenso einengenden Kategorien von Raum und Zeit. Sich selbst kann er nur noch als „verfehlte(n) Ausdruck" (S. 659) der unendlichen Gegenwart und der Liebe zum Leben sehen.

FUNKTION DER PHILOSOPHIE: RAUSCHHAFTE ENTGRENZUNG, ABER KEINE WIRKLICHE BEFREIUNG

Schopenhauers (und Nietzsches) Philosophie

→ ist damit der Auslöser für Thomas Buddenbrooks radikale Verneinung seines bisherigen Lebens;
→ hat durchaus erkenntniskritische Wirkung, indem sie ihn von Illusionen über sein privates und öffentliches Dasein befreit;
→ ist dabei auch eine Art Kunstgriff, indem Thomas nicht einfach nur alles als null und nichtig darstellen muss, sondern die Ablehnung seines Lebens als Vorbedingung für die Befreiung zu einer höheren Existenzform ansieht;
→ ist letztlich aber auch ein rauschhaftes Erlebnis, aus dem Thomas Buddenbrook mit einer Art Katerstimmung wieder aufwacht, um sich dem „öffentliche(n), geschäftliche(n), bürgerliche(n) Leben in den giebeligen und winkeligen Straßen dieser mittelgroßen Handelsstadt" (S. 659) zu widmen. Auch die Befreiung war letztlich nur eine scheinbare.

SCHLUSSFOLGERUNG: BEIDE VERHALTEN SICH DISTANZIERT ZUM LEBEN, DOCH THOMAS IST INNERLICH ZERRISSEN UND SCHWACH

Vergleich zwischen den Einstellungen von Großvater und Enkel.

→ Beide eint eine Distanz zu ihrem anscheinend doch öffentlich bedeutsamen Leben.
→ Während der Großvater sich von der Leidenschaft zur Leidenschaftslosigkeit entwickelt, geht Thomas den umgekehrten Weg: von einem rationalen, alles nach geschäftlichen Interessen beurteilenden, ‚mitten im Leben stehenden' Mann zur leidenschaftlichen Ablehnung seines gesamten Seins und Tuns.

- → Während Johann Buddenbrook das Rätsel des Lebens stehen lassen kann und mit dem Wörtchen „kurios" markiert, versucht der Enkel dieses Rätsel wort- und empfindungsgewaltig mit Hilfe eines ganzen „metaphysischen Systems" (S. 654) zu bezwingen und zu einer für sich befriedigenden Auflösung zu bringen.
- → Johann Buddenbrook ist distanziert, bleibt aber bescheiden – so kann er letztlich versöhnt mit sich und der Welt sterben. Thomas Buddenbrook wirkt unter dem Eindruck des von Nietzsche inspirierten Ich-Kults rauschhaft und unausgeglichen. Vielleicht hat ihm das Schopenhauer-Erlebnis tatsächlich die Vordergründigkeit von bisher zentralen Lebensinhalten eröffnet. Dennoch erwacht er mit einer Art Katerstimmung und ernüchtert angesichts der Herausforderungen des alltäglichen Lebens. Entgegen allen damit verbundenen Hoffnungen ist ihm ein befreiendes Todes-Erlebnis ebenso wenig möglich wie ein versöhntes Sterben, wie es seinem Großvater zuteil geworden ist.
- → Im Vergleich zu Johann Buddenbrook wirkt Thomas unreif und zerrissen.

Aufgabe 2 **

Hanno Buddenbrook
Charakterisieren Sie Hanno Buddenbrook aufgrund des Textausschnittes S. 621–623!

Mögliche Lösung in knapper Fassung:

Zur Person:

KURZVORSTELLUNG

Hanno, eigentlich Johann Buddenbrook, geboren 1861, einziger Sohn von Thomas und Gerda Buddenbrook, prädestiniert, das geschäftliche und familiäre Erbe der Familie Buddenbrook anzutreten, stellt sich bald als kränklicher und nicht lebensfähiger oder -williger Junge heraus, stirbt, ohne die in ihn gesetzten Hoffnungen auch nur ansatzweise erfüllt zu haben, im jungen Alter von 16 Jahren.

CHARAKTERISIERUNG

Bereits äußerlich hebt sich Hanno deutlich von seiner Umwelt ab. Er

ÄUSSERE BESCHREIBUNG: ANDERSARTIGKEIT

- → ist von fremdartiger und weicher Erscheinung: „Haar …, das … danach strebte, sich in weichen Locken tief über die Schläfen zu schmiegen, … lange goldbraune Wimpern" (S. 620);
- → unterscheidet sich stark von den „hellblonden …, stahlblauäugigen, skandinavischen Typen seiner Kameraden" (S. 620);
- → hat weiche und schmale Arme und Beine „wie die eines Mädchens" (S. 620): Hanno wirkt unmännlich, fast weiblich;
- → fällt auf durch Schatten in den Augenwinkeln, was neben der äußerlichen Ähnlichkeit mit seiner Mutter auf Beanspruchung und Anstrengung hindeutet.

Schon in seiner äußeren Erscheinung ist Hanno Buddenbrook ein Inbegriff der Fremdheit. Er ist fremd innerhalb der Familie

Buddenbrook, fremd unter Gleichaltrigen, fremd unter seinen Geschlechtsgenossen.

KRÄNKLICHKEIT

Hanno ist von Kindsbeinen an kränklich und kann (oder will) damit schon rein physisch den Erwartungen seiner Umwelt, besonders seines Vaters, in keiner Weise entsprechen.

→ Zu wenig rote Blutkörperchen als Ursache mannigfacher Krankheiten: Hanno wirkt (nicht nur im übertragenen Sinn) „blutleer", energie- und antriebslos.
→ Verträgt die herkömmliche Medizin nicht: Seine Krankheit hat andere als nur organische Ursachen, Hannos Nicht-Reaktion auf die Medikation deutet auf eine umfassende Verweigerung der Tradition.
→ Als einzige Medizin bekommt ihm Arsen: Ausgerechnet ein Nervengift wirkt „beglückend" (S. 622) auf ihn, bereitet ihm Freude und tut ihm wohl. Damit verkörpert Hanno geradezu ein gegenüber der Tradition negatives Prinzip. Bereits hier zeigt sich, was später bei der Beschreibung seines Sterbens offen geschildert wird: seine radikale Abkehr von der Welt, vom Leben.

ABNEIGUNGEN UND VORLIEBEN

Auch an seinen Angewohnheiten zeigt sich, dass Hanno in keine Schublade passt, dass er sich jedem Gruppendenken und -zwang entzieht.

→ Hanno verachtet die von den anderen Jungen geliebten und geschätzten „Turnspiele" (S. 623). Nicht nur, dass er die geforderten Übungen nicht vollbringen kann – er hegt „einen stummen, reservierten, beinahe hochmütigen Widerwillen dagegen" (S. 622). In dieser bewussten Ablehnung wirkt Hanno eher wie ein Erwachsener als wie ein Junge.
→ Hanno meidet jede Form der körperlichen Auseinandersetzung, des „männlichen" Kräftemessens, der Initiationsrituale,

wie sie etwa die als äußerst durchsetzungsfähig geschilderten Söhne des ewigen Konkurrenten Hagenström pflegen.

→ Andererseits kompensiert er diesen Mangel aber auch nicht durch eine etwaige Strebsamkeit im geistigen Bereich, um sich auf anderem Gebiet Anerkennung zu verschaffen. Hanno ist nur ein äußerst mittelmäßiger Schüler. Die Schule bedeutet für ihn, nicht nur aufgrund der fachlichen Prüfungen, eine Qual. Einer der wenigen, denen er sich verbunden weiß, ist der Lehrer auf Probe Modersohn, der seinerseits ebenso unter dem System von Drill und andauernden Belastungsproben leidet wie Hanno. Hanno verfügt nicht über die Fähigkeit, die ungeliebte Schule wie seine Mitschüler durch Streiche, Rangeleien etc. zu kompensieren.

→ Er verbringt seine Zeit mit einem anderen Außenseiter, Kai Graf Mölln. Mit diesem teilt er die Leidenschaft zu Phantasie und Fabulieren – wieder eine für Jungen eher untypische Vorliebe.

→ Hannos Liebe gilt der Musik, speziell dem Harmonium. Selbst wenn man die Handlungszeit in Rechnung stellt, dürfte das Harmonium ein äußerst untypisches Instrument für Kinder gewesen sein.

ZUSAMMENFASSUNG

So zeigt sich, dass Hanno Buddenbrook – teils unbewusst, teils aber auch bewusst – in kein Raster passt. Er verkörpert eine Mischung aus Weichlichkeit, Empfindsamkeit, Kränklichkeit und auch Überheblichkeit. In der Verweigerung, sich den Zwängen der Realität zu unterwerfen, ist er eher Christian Buddenbrook als seinem Vater ähnlich, wenngleich sich Hanno nicht in Albernheiten verliert. Die Überheblichkeit, die trotz seines jugendlichen Alters schon klar hervortritt, deutet auf seine Mutter Gerda Arnoldsen hin.

So gesehen, ist Hanno ein Solitär unter den Buddenbrooks. Im Vergleich etwa zu Christians Hypochondrie wirken seine Verweigerungshaltung wie auch seine Krankheiten ernsthaft und radikal. – Noch im Prozess seines Sterbens sticht Hanno heraus. Zwar stirbt er am Typhus, einer scheinbar „normalen" und ebenfalls wieder organisch bestimmbaren Krankheit. Und doch wird ganz deutlich, dass er diese Krankheit hätte überleben können, doch „Furcht und Abneigung bei der Stimme des Lebens" (S. 754) befördern den Sterbeprozess und bewirken letztlich den Tod. Der letzte Buddenbrook passt nicht in die Familie, er passt nicht zu seinen Alters- und Geschlechtsgenossen, letztlich passt er nicht in die Welt.

In Hanno destilliert sich im Verlauf des Romans der Künstlertyp in Reinform heraus – damit entfernt er sich weit vom Buddenbrook'schen Familienideal, dem Geschäfts- und Realitätssinn. In dieser Einzelstellung und in diesem Enthobensein von der Welt nimmt er eine besondere Stellung unter den Figuren ein. Zieht man in Betracht, dass Thomas Mann ursprünglich eine Künstlernovelle um Hanno Buddenbrook schreiben wollte, aus der sich dann der umfangreiche Roman entwickelt hat, kann man Hanno vielleicht als eine Hauptfigur ansehen.

Aufgabe 3 **

Die Buddenbrooks und die Liebe/die Ehe
Analysieren Sie das Gespräch zwischen Jean und Elisabeth Buddenbrook und ihrer Tochter Tony (S. 101–105), stellen Sie heraus, welche Argumente die Eltern für die Heirat mit Grünlich vorbringen und welche Auffassung von Liebe und Ehe sich damit verbindet. Vergleichen Sie diese Auffassungen mit anderen Ehen der Familie Buddenbrook.

Mögliche Lösung in knapper Fassung:

HANDLUNGSKONTEXT

Tony bekommt über die Eltern einen Heiratsantrag von Bendix Grünlich, einem Hamburger Kaufmann, der sich später als Betrüger entpuppen wird. Trotz ihres kindlich-naiven Charakters hat Tony ihn von Anfang an als heuchlerisch erkannt und ist umso erstaunter über seine Absichten.

GESPRÄCHSANALYSE

GESPRÄCHSABSICHTEN

Gesprächsabsichten: Johann und Elisabeth Buddenbrook wollen Tony, zur Not mit Druck, überzeugen, die Ehe mit Grünlich einzugehen, da sie ihn als Kaufmann mit einem scheinbar gut gehenden Geschäft als den richtigen Partner für ihre Tochter und die Heirat als vorteilhaft für das Geschäft ansehen. – Tony versucht, Grünlich als möglichen Partner zurückzuweisen.

GLIEDERUNG/AUFBAU

Gliederung:

1. Tonys Entsetzen (S. 102: „Tony saß mit gesenktem Kopfe … Worauf sie in Weinen ausbrach.")
2. Beschwichtigung und Entmündigung seitens des Vaters (S. 102: „Der Konsul warf …" – S. 104: „Auf Wiedersehen, mein lieber Jean.")
3. Mutter und Tochter: Ehe als Vorherbestimmung (S. 104: „Du solltest immerhin…" – S. 105: „… haben wir vielleicht schon einen Entschluss gefasst?").

GESPRÄCHSVERLAUF – DETAILANALYSE

Gesprächsverlauf: (1. Abschnitt) Nach einem Moment der Schockstarre reagiert Tony impulsiv und emotional. Sie ist einfach nur fassungslos, so unvorstellbar erscheint ihr Grünlichs Heiratsantrag.

(2. Abschnitt) Der Konsul bemüht sich mit allgemeinen Floskeln um Beruhigung. Zugleich argumentiert er aber auch inhaltlich, indem er sagt, es sei Akt elterlicher Verantwortung, zu dieser Verbindung zuzuraten. Das wird ergänzt durch eine Abwertung Tonys als „einem so jungen Dinge…".

Tony antwortet betont sachlich, indem sie sagt, sie wisse überhaupt nichts von Grünlich. Mit dieser Sachlichkeit kann sie die Abwertung seitens ihres Vaters überspielen. Zugleich hält sie das Gespräch auf einer sachlichen Ebene, auf der ihr bewusst ist, dass sie Recht hat.

Johann Buddenbrook fährt jedoch mit seiner Strategie der Entmündigung fort: Tony sei „ein kleines Mädchen, das noch keine Augen hat für die Welt". Er unterstellt ihr, dass sie nicht weiß, worauf es im Leben ankommt, dass sie auf die Hilfe anderer, konkret: ihrer Eltern, angewiesen ist, um sich zu orientieren – zu ihrem eigenen Besten. Tony ist nach wie vor außer Fassung, was sich an ihren abgebrochenen Sätzen zeigt. Sie wertet den Heiratsantrag quasi an Anschlag oder gar als eine Form des Racheakts: „Was habe ich ihm getan?!" Auch der Vater fährt mit seiner Strategie fort, d. h. es fallen ihm keine richtigen Argumente ein. Das Gespräch tritt also auf der Stelle.

Allerdings verschärft der Konsul seine Form der Entmündigung, indem er von Tony in der 3. Person redet: „Mein Töchterchen muss durchaus …" Das Ganze gipfelt in einem wirklich kleinkindgemäßen Ton: „Nun geht Papa an seine Arbeit …" Die Art und Weise, wie hier mit Tony geredet wird, mag zwar auch auf die Handlungszeit, das 19. Jahrhundert, zurückzuführen sein. Sie offenbart aber auch, dass man Tony in keiner Weise ernst nimmt, so groß ist der Unterschied zwischen Vater und Kind, zudem zwischen Mann und Frau.

(3. Abschnitt) Nachdem sich der Konsul in sein Büro verabschiedet hat, sind Mutter und Tochter allein. Tony mag damit die Hoffnung auf ein sachlicheres Gespräch verbinden, denn möglicherweise reden Frauen über Gefühlsdinge auf einer ähnlichen Ebene. Allerdings täuscht sie sich damit, denn die Mutter

→ verharmlost die Aussage des Vaters, indem sie die Sache als offen und noch nicht entschieden hinstellt. Dabei ist sie für die Eltern längst entschieden: Abraten wäre nach Ansicht von Elisabeth Buddenbrook geradezu eine sträfliche und verantwortungslose Handlung. Damit stellt sie die Hochzeit nicht nur als vorteilhaft, sondern als alternativlos hin und verschärft die Argumentation ihres Mannes noch;
→ macht Tony den Mund wässrig, indem sie auf die Vorteile einer guten Partie hinweist. Neben dem Druck, der bisher vorherrschte, kommt jetzt das Motiv des Anreizes ins Spiel – „Zuckerbrot und Peitsche", wenn man es mit dem Sprichwort sagen will;
→ stellt die Heirat mit Grünlich, weil er Geschäftsmann ist, als Pflicht und Bestimmung dar. Damit führt sie höhere, quasi nicht mehr zu bestreitende Argumente an und setzt das private Glück mit dem des Geschäfts gleich.

Tony ihrerseits schwenkt langsam um, aber nicht etwa, weil sie Grünlich mag. Sie kann dem Druck, den ihre Eltern ausüben, nur bedingt standhalten, auch wenn ihr die Heirat mit Grünlich als geschäftlich-familiäre „Pflichtehe" nur eingeschränkt einleuchtet. Das für sie Ausschlaggebende ist das Gefühl der eigenen Wichtigkeit und Bedeutung, das sie erfüllt.

So wird sie aus einem von ferne betrachtet eher sekundären Motiv wider besseres Wissen Grünlich heiraten.

Gesprächsergebnis: Zwar wird die Heirat noch offen hingestellt, aber faktisch ist sie beschlossene Sache und Tony hat sich aus verschiedenen Gründen in ihr Schicksal gefügt. Die Eltern haben ihre Absicht im Gespräch erreicht, Tony nicht.

ERGEBNIS

Vorstellungen von Liebe und Ehe:

→ Die Ehe wird vorwiegend unter dem Nützlichkeitsaspekt betrachtet.
→ Liebe ist praktisch bedeutungslos, was aber durchaus der gesellschaftlichen Norm Mitte des 19. Jahrhunderts entspricht. Jedoch beginnt sie stärker in den Vordergrund zu treten, was sich an Tonys Weigerung und auch an ihrer Beziehung zu Morten Schwatzkopf zeigt.
→ Die Frau ist mehr oder weniger Objekt der Eheschließung. Das zeigt sich in der Sprache und den Argumenten des Vaters, aber auch in den späteren Mitgift-Verhandlungen mit Grünlich.
→ Im Grunde ist die Ehe eine Mischform aus arrangierter und Liebesheirat bei großem Überwiegen der ersten Form.

VERALLGEMEINERUNG/ ZUSAMMENFASSUNG

Vergleich mit den anderen Ehen der Buddenbrooks:

→ Die Eltern: Johann (Jean) und Elisabeth (Bethsy) – der Kaufmann heiratet die Tochter eines angesehenen Kaufmanns, Geld kommt zu Geld, der Primat des Geschäfts bleibt gewahrt, zugleich führen beide in keiner Weise eine schlechte Ehe.
→ Die Großeltern: Johann und Josephine (erste Ehe) – eine von Liebe getragene Beziehung, die aufgrund des frühen Todes Josephines nicht von langer Dauer ist.
→ Johann und Antoinette (zweite Ehe) – eine Vernunftehe von langer Dauer (46 Jahre), deutlicher Vorrang des Geschäfts vor dem Privaten bei gegenseitigem Respekt der Partner.

VERGLEICH MIT DEN ANDEREN EHEN

- → Thomas und Gerda – Geldheirat, die vordergründig als Liebesheirat daherkommt. Thomas gibt die echte Liebe zum „Blumenmädchen" dafür auf. Möglicherweise ist der unentschiedene Charakter, weder eine Liebes- noch eine reine Vernunftbeziehung, ein Grund für das Scheitern der Ehe.
- → Christian und Aline – Christian heiratet im Zustand geistiger Umnachtung und wird durch die Ehe zum Spielball seiner Frau: eine klassische Mesalliance.
- → Clara und Sievert Tiburtius – Sonderstellung aufgrund von Claras Kränklichkeit. Die Familie ist praktisch froh, in Pfarrer Tiburtius überhaupt jemanden für Clara gefunden zu haben, auch wenn er sich später als Erbschleicher herausstellen wird.

Eine Liebesheirat kommt, sieht man vom Großvater ab, faktisch nicht vor, was sowohl dem Geist der Zeit, aber auch dem Geschäftsdenken geschuldet ist. Zugleich ist offenkundig, dass mit den Missheiraten Tonys, Christians und Claras auch der Niedergang des Geschäfts einhergeht, weil diesem Geld entzogen wird.

Aufgabe 4 **

Thomas und Christian Buddenbrook
Charakterisieren Sie die Brüder Thomas und Christian Buddenbrook anhand der Auseinandersetzung S. 576–580.

Mögliche Lösung in knapper Fassung:

HANDLUNGS-KONTEXT

Kontext: Totenbett der Mutter („achtundzwanzig Stunden nach ihrem letzten Atemzuge", S. 570), im Nebenzimmer versammelt sind die Geschwister Thomas, Christian und Tony sowie Tomas'

Frau Gerda, Christian offenbart, dass er Aline Puvogel, eine Frau von sehr zweifelhaftem Ruf, heiraten möchte.

ANALYSE DES GESPRÄCHS-VERLAUFS

Gesprächsverlauf: Thomas reagiert mit ungewöhnlicher Heftigkeit auf Christians Ansinnen, „blass und zitternd vor Zorn" (S. 576), bezeichnet seinen Bruder als „krankhaft" und „abnorm" (S. 577). Zwar ist eine negative Reaktion angesichts der zu erwartenden Schwägerin durchaus nachvollziehbar, doch die Heftigkeit und Leidenschaft der Reaktion lassen gleich mehrere Schlüsse zu:

- → Thomas spürt seinen Autoritätsverlust: Nach dem Tode des Vaters ist er faktisch das Familienoberhaupt, aber ohne Einfluss auf seinen Bruder.
- → Seine Nerven „liegen blank" – er ist auf verschiedenen Gebieten getroffen und daher extrem reizbar.

Christian rechtfertigt sich mit dem Wunsch nach einer bürgerlichen Existenz, „nach einem Heim, nach Ruhe, nach Frieden". Das muss doppelt überraschen, denn zum einen lehnt Christian gerade diese bürgerliche Lebensweise entschieden ab, darüber hinaus scheint eine Ehe mit Aline Puvogel nicht gerade geeignet für eine bürgerliche Existenz.

Es folgt ein heftiger Wortwechsel voller gegenseitiger Vorwürfe, bis das Gespräch auf Christians Krankheiten kommt. Hier offenbart sich ein neuer Zug an Thomas, der auch sein Verhalten etwas besser erklärt. Thomas tut, sicher nicht ganz zu Unrecht, Christians Krankheiten ab, verweist dabei auch auf seinen eigenen Gesundheitszustand und steigert dieses durch die verblüffende Feststellung: „Ich bin vielleicht kränker, als du." (S. 578) Diese Behauptung muss angesichts der Tatsache, dass bisher Christian als Inbegriff von Krankheit und Hypochondrie galt, während Thomas das realistische, „gesunde" Prinzip verkörperte, überraschen. Tony registriert die Absurdität dieser Auseinandersetzung darum, wer von beiden Brüdern der kränkere ist, erkennt aber nicht deren tiefere Wahrheit.

Nachdem die Auseinandersetzung nochmals eskaliert, rechnet Christian im Zustand höchster Erregung mit allem ab, was Thomas wichtig ist, „dies(em) Taktgefühl und Feingefühl und Gleichgewicht, diese(r) Haltung und Würde" (S. 580). Das hinterlässt durchaus einen Eindruck auf Thomas, der „ein wenig zusammensank und eine Weile wortlos und mit müder Miene vor sich nieder blickte" (S. 580), als sei er erkannt.

Indirekt erkennt Thomas das an, wenn er abschließend bestätigt, er sei nur so geworden, wie er sei, „weil ich nicht werden wollte, wie du ... weil ich mich vor dir hüten muss, weil dein Sein und Wesen eine Gefahr für mich ist ... ich spreche die Wahrheit." (S. 580)

CHARAKTERISTIK THOMAS UND CHRISTIAN

Das Gespräch offenbart zwei wichtige Erkenntnisse über Thomas Buddenbrook:

→ das (nach außen hin verdrängte) Bewusstsein seiner Krankheit, das ihn letztlich also genauso dem „Verfall" preisgegeben zeigt wie andere Mitglieder der Familie;
→ das (ebenso unterdrückte) Gefühl der Angst vor der Eigenheit Christians, das man übertrieben sogar als eine Form Neid werten kann;
→ Christian, bei allen äußeren und inneren Problemen, ist derjenige von beiden Brüdern, der eher das tut, was er möchte bzw. das nicht tut, was er nicht möchte. Er verweigert sich den Erwartungen der Familie, was lediglich zu Anfang notdürftig kaschiert wird.
→ Thomas ist derjenige, der alle Erwartungen, fremde und eigene, erfüllt: Er steigt früh ins Geschäft ein, genießt als Senator großes öffentliches Ansehen, heiratet eine ‚gute Partie', repräsentiert die Familie und das Geschäft scheinbar angemessen.

Dennoch spürt er

- → Ohnmacht: Er kann den geschäftlichen Niedergang ebenso wenig stoppen wie den Verfall seiner eigenen Ehe, Christians ‚Anti-Hochzeit', Hannos Verweigerungshaltung);
- → Angreifbarkeit (Gesundheitszustand, Selbstbeobachtung und Verfeinerung);
- → einen Mangel an eigener Identität, indem er sich nur negativ über seinen Bruder definiert;
- → Fremdbestimmung: Thomas handelt verschiedentlich gegen seine eigenen Einsichten und Interessen, etwa als er Anna Iwersen zugunsten von Gerda Arnoldsen aufgibt, als er Tony in die Ehe mit Grünlich nötigt und sie aus Travemünde abholt, als er, obwohl es weder der Bedeutung des Geschäfts noch seinem Gesundheitszustand entspricht, für das Senatorenamt kandidiert, als er das repräsentative Haus in der Fischergrube errichtet, das in seiner Größe einen deutlichen Kontrast zur inneren Leere der Familie darstellt.

Christian führt dem älteren Bruder ungewollt eine Wahrheit über sich selbst vor Augen: Thomas' Fremdbestimmung und die damit einhergehende Fassadenhaftigkeit. Sicherlich ist Thomas nicht vollständig, aber zu einem guten Teil fremdbestimmt. Möglicherweise kommt in der Tirade gegenüber Christian nicht nur ein Stück Neid auf dessen (ebenfalls nur scheinbare) Freiheit zum Ausdruck, vor allem aber auch ein gutes Stück Selbsthass. Von diesem Selbsthass meint er sich im „Schopenhauer-Erlebnis" erlösen zu können und das eigene ich zu befreien, doch auch das ist letztlich nur eine rauschhafte Selbsttäuschung (vgl. Aufgabe 1).

Im Kern ist Thomas möglicherweise zerrissener als sein Bruder.

LITERATUR

Zitierte Ausgabe:

Thomas Mann: *Buddenbrooks. Verfall einer Familie.* Roman. Frankfurt a. M.: Fischer (Fischer Taschenbuch 9431), 1989, 59. Auflage 2010.

Gesamtausgabe:

Thomas Mann: *Gesammelte Werke in dreizehn Bänden.* Frankfurt a. M.: Fischer, 1974.

Selbstkommentar:

Thomas Mann: *Selbstkommentare: Buddenbrooks.* Frankfurt a. M.: Fischer, 1990.

Lernhilfen und Kommentare für Schüler:

Müller, Fred: *Thomas Mann, Buddenbrooks: Interpretationen.* 3., überarb. Aufl., München: Oldenbourg, 1998. → Gründliche Interpretation, die Charaktere, Philosophie, Erzähltechnik und Sprache berücksichtigt, jedoch nicht gesondert auf Problemfelder eingeht.

Kästler, Reinhard: *Thomas Mann, Buddenbrooks.* 4. Aufl., Hollfeld: Bange, 1997 (Königs Erläuterungen und Materialien Band 264). → Vorläufer der vorliegenden Lernhilfe.

Sekundärliteratur:

Alt, Peter-André: *Ironie und Krise. Ironisches Erzählen als Form der ästhetischen Wahrnehmung in Thomas Manns ‚Der Zauberberg' und Robert Musils ‚Der Mann ohne Eigenschaften'.* Frankfurt a. M./Bern/New York/Paris: Lang, 1989.

Ansel, Michael u. a. (Hrsg.): *Die Erfindung des Schriftstellers Thomas Mann*. Berlin u. a.: Gruyter, 2009.

Baumgart, Reinhard: *Das Ironische und die Ironie in den Werken Thomas Manns*. München: Hanser, 1964 (Literatur als Kunst).

Brandt, Helmut und Kaufmann, Hans: *Werk und Wirkung Thomas Manns in unserer Epoche. Ein internationaler Dialog*. Berlin/Weimar: Aufbau, 1978.

Breloer, Heinrich: *Die Manns. Ein Jahrhundertroman*. Frankfurt a. M.: S. Fischer Verlag, 2001. → Das Buch zum gleichnamigen Film, siehe S. 147.

Breloer, Heinrich: *Unterwegs zur Familie Mann. Begegnungen, Gespräche, Interviews*. Frankfurt a. M.: Fischer, 2001.

Detering, Heinrich und Stachorski, Stephan (Hrsg.): *Thomas Mann*. Darmstadt: Wissenschaftliche Buchgesellschaft, 2008.

Dräger, Hartwig: *‚Buddenbrooks'. Dichtung und Wirklichkeit*. Bilddokumente, Lübeck: Verlag Graphische Werkstätten, 1993.

Emmel, Hildegard: *Geschichte des deutschen Romans*. Band II, Bern und München: Francke, 1975.

Hansen, Volkmar: *Thomas Mann*. Stuttgart: Metzler, 1984 (Sammlung Metzler 211).

Havenstein, Martin: *Thomas Manns ‚Buddenbrooks' im deutschen Unterricht*. In: Schule und Wissenschaft 2 (1927), H. 2, 5. 59 ff.

Heftrich, Eckhard: *Vom Faktum der Dekadenz und von der Freiheit der Kunst, ‚Buddenbrooks'*. In: ders.: Vom Verfall zur Apokalypse. Über Thomas Mann, Bd. 2, Frankfurt a. M.: Klostermann, 1982, S. 43–102.

Heiner, Stefan: *Politische Aspekte im Werk Thomas Manns 1895–1918*. Berlin (Diss.) 1976.

Heller, Erich: *Thomas Mann: Buddenbrooks*. In: Jost Schillemeit (Hrsg.): Deutsche Romane von Grimmelshausen bis Musil, Frankfurt a. M.: Fischer, 1966, S. 230 ff. (Interpretationen 3).

Isenschmid, Andreas: *Die Geburt des Erzählers. Vor 100 Jahren erschien einer der größten deutschen Romane: Thomas Manns ‚Buddenbrooks'.* In: DIE ZEIT 44/2001, S. 51 f.

Jens, Walter: *Nachwort.* In: Thomas Mann: ‚Buddenbrooks. Verfall einer Familie', Taschenbuchausgabe Frankfurt a. M.: Fischer, 1960, S. 518 ff. (Exempla Classica 13).

Kaminski, Volker: *Großfamilie mit Verfallsdatum. „Dallas" in Lübeck: Die ‚Buddenbrooks' werden hundert.* In: ZITTY Nr. 12/2001, S. 54.

Kesting, Hanjo: *Heinrich Mann und Thomas Mann. Ein deutscher Bruderzwist. Aus den Quellen dokumentiert.* Göttingen: Wallstein, 2003.

Koopmann, Helmut: *Die Entwicklung des ‚intellektualen Romans' bei Thomas Mann. Untersuchungen zur Struktur von ‚Buddenbrooks', ‚Königliche Hoheit' und ‚Der Zauberberg'.* 3. Aufl. Bonn: Bouvier, 1980.

Koopmann, Helmut: *Thomas Mann und Schopenhauer.* In: Peter Pütz (Hrsg.): Thomas Mann und die Tradition, Frankfurt a. M.: Athenäum, 1971, S. 180 ff.

Kurzke, Hermann: *Auswahlbibliografie zu Thomas Mann.* In: Heinz Ludwig Arnold (Hrsg.): Thomas Mann, 2., erw. Aufl., München 1982, S. 238 ff. (Sonderband Text + Kritik).

Kurzke, Hermann: *Thomas Mann. Das Leben als Kunstwerk.* Frankfurt a. M.: Fischer, 2005

Kurzke, Hermann: *Thomas Mann. Epoche – Werk – Wirkung.* München: Beck, 1985 (Beck'sche Elementarbücher).

Lämmert, Eberhard: *Doppelte Optik. Über die Erzählkunst des frühen Thomas Mann.* In: Dialog Schule – Wissenschaft. Deutsche Sprache und Literatur, Bd. 3: Literatur, Sprache, Gesellschaft, München: Bayerischer Schulbuchverlag, 1970, S. 50 ff.

Lämmert, Eberhard: *Thomas Mann – ‚Buddenbrooks'*. In: Benno von Wiese (Hrsg.): Der deutsche Roman vom Barock bis zur Gegenwart, Bd. 2, Düsseldorf: Bagel, 1962, S. 190 ff.

Larsson, Kristian: *Masken des Erzählens. Studien zur Theorie narrativer Unzuverlässigkeit und ihrer Praxis im Frühwerk Thomas Manns.* Würzburg: Königshausen & Neumann, 2011.

Lehnert, Herbert: *Thomas Mann: ‚Buddenbrooks' (1901)*. In: Paul Michael Lützeler (Hrsg.): Deutsche Romane des 20. Jahrhunderts. Neue Interpretationen, Königstein/Ts.: Athenäum, 1983, S. 31–49.

Lenz, Siegfried: *‚Buddenbrooks'*. In: Thomas-Mann-Jahrbuch 4 (1991), S. 21–28. Frankfurt a. M.: Klostermann

Mann, Thomas: *Betrachtungen eines Unpolitischen*. In: ders.: Aufsätze, Reden, Essays, Band 2 (1914–1918). Berlin und Weimar: Aufbau-Verlag, 1983.

Matt, Peter von: *Verkommene Söhne, missratene Töchter. Familiendesaster in der Literatur.* München und Wien: Hanser, 1995.

Mayer, Hans: *Nachwort.* In: Thomas Mann: ‚Buddenbrooks. Verfall einer Familie', Berlin/DDR: Aufbau, 1952, S. 789 ff.

Mehring, Reinhard: *Thomas Mann. Künstler und Philosoph.* München: Wilhelm Fink Verlag, 2001.

Mendelssohn, Peter de: *Der Zauberer. Das Leben des deutschen Schriftstellers Thomas Mann. 1. Teil: 1875–1918.* Frankfurt a. M.: Fischer, 1975.

Mix, York-Gothart (Hrsg.): *Hansers Sozialgeschichte der deutschen Literatur*. Siebter Band, München u. a.: Hanser, 2000.

Moulden, Ken und von Wilpert, Gero: *‚Buddenbrooks'-Handbuch.* Stuttgart: Kröner, 1988.

Reents, Edo: *Thomas Mann.* Utikon-Waldegg: Claassen Verlag, 2001.

Rickes, Joachim: *Die Romankunst des jungen Thomas Mann. ‚Buddenbrooks' und ‚Königliche Hoheit'.* Würzburg: Königshausen & Neumann, 2006.

Schirnding, Albert von: *Thomas Mann. Die 101 wichtigsten Fragen.* München: Beck, 2008.

Schröter, Klaus (Hrsg.): *Thomas Mann im Urteil seiner Zeit.* Dokumente 1891–1955, Hamburg: Wegner, 1969.

Schröter, Klaus: *Thomas Mann in Selbstzeugnissen und Bilddokumenten.* Reinbek bei Hamburg: Rowohlt, 1984 (=rowohlts monographien).

Tschechne, Wolfgang: *Thomas Manns Lübeck.* Hamburg: Ellert & Richter, 2009.

Vogt, Jochen: *Thomas Mann, ‚Buddenbrooks'.* 2. Aufl. München: Fink, 1995. → Darin umfangreiche Bibliografie zu den *Buddenbrooks.*

Welzig, Werner: *Der deutsche Roman im 20. Jahrhundert.* Stuttgart: Kröner, 1967.

Wenzel, Georg: *‚Buddenbrooks' – Leistung und Verhängnis als Familienschicksal.* In: Volkmar Hansen (Hrsg.): Interpretationen: Thomas Mann. Romane und Erzählungen, Stuttgart: Reclam, 1993, S. 11–46.

Wolff, Rudolf (Hrsg.): *Thomas Manns ‚Buddenbrooks' und die Wirkung.* 2. Bde., Bonn: Bouvier, 1986.

Internet-Adressen:

http://www.buddenbrookhaus.de

→ Dauerausstellung zu Thomas und Heinrich Mann.

http://www.thomasmann.de

→ Thomas-Mann-Portal des S. Fischer Verlags.

http://www.tma.ethz.ch

→ Website des Thomas-Mann-Archivs.

http://www.ub.fu-berlin.de/service_neu/internetquellen/fachinformation/germanistik/autoren/autorm/thmann.html

→ kommentierte Linksammlung der FU Berlin.

http://literaturlexikon.uni-saarland.de/index.php?id=139

→ Thomas-Mann-Figurenlexikon.

Verfilmungen der *Buddenbrooks*:

Die Buddenbrooks. Deutschland 1923.
Regie: Gerhard Lamprecht.
Drehbuch: Alfred Fekete, Luise Heilborn-Körbitz, Gerhard Lamprecht.

Buddenbrooks. BRD 1959.
Regie: Alfred Weidenmann.
Drehbuch: Erika Mann, Harald Braun.

Die Buddenbrooks. BRD/Österreich (Verfilmung für das Fernsehen) 1979.
Regie: Franz Peter Wirth.
Drehbuch: Bernt Rhotert, Franz Peter Wirth.

Buddenbrooks. Deutschland 2008.
Regie: Heinrich Breloer.
Drehbuch: Heinrich Breloer, Horst Königstein.

Verfilmung des Lebens von Thomas Mann und seiner Familie:

Die Manns. Ein Jahrhundertroman.
Deutschland (Verfilmung für das Fernsehen) 2001.
Film von Heinrich Breloer und Horst Königstein.

STICHWORTVERZEICHNIS